Kaktus & Co

einfach & bestechend

Autor: **Franz Becherer** | Fotografen: **Franz Becherer und andere bekannte Pflanzenfotografen**

Inhalt

Pflanzenpraxis

Das 5-Stufen-Erfolgsprogramm

>> einfach & bestechend

1 Kennen lernen

Betrachten Sie die exotischen Schönheiten Kaktus & Co einmal genauer – Sie werden sie bestimmt »bestechend« finden!

6 Vielfalt der Kakteen
8 Zauber der anderen Sukkulenten

2 Auswählen

Suchen Sie sich aus der großen Vielfalt von Kaktus & Co Arten aus, die bei Ihnen drinnen und draußen prächtig gedeihen.

10 Der richtige Standort
12 Nach Wuchs und Größe wählen
14 Kaufen und transportieren

3 Gestalten

Hier finden Sie Tipps, um mit Kaktus & Co Ihrer Wohnung, dem Haus und Garten einen Hauch von Wüstenflair zu verleihen.

16 Wüstenflair fürs Haus
18 Balkon, Terrasse, Wintergarten
20 Kaktus & Co im Garten
➤ **22 Party-Spezial:** Feste feiern mit Mexican Flair

4 Pflegen

Richtig gießen, düngen, umtopfen und überwintern – so bleiben die sukkulenten Schönheiten gesund.

24 Richtig umtopfen
26 Gießen und düngen
28 Überwintern drinnen & draußen
30 Gesundheit für Kaktus & Co
➤ 32 **Kinder-Spezial:** Pflanze dir einen Mini-Garten

5 Vermehren

Dank einfacher Methoden kommen Sie preiswert zu einer Vielfalt an sukkulenten Pflanzen.

34 Säen und pikieren
36 Vermehren durch Stecklinge
38 Kakteen pfropfen

Pflanzenporträts

TOP 20

Die schönsten und pflegeleichtesten Arten im Porträt

42 Blattkakteen und Opuntien
44 Säulen und Gruppen
46 Kugelförmige Kakteen
48 Andere Sukkulenten

Pflanzentabellen

50 Blatt- und Säulenkakteen
52 Kugelförmige Kakteen
54 Gruppen und andere Sukkulenten

Anhang

➤ 56 **Arbeitskalender**
58 Register
61 Literatur, Adressen
62 Impressum
➤ 64 **Die 10 GU-Erfolgstipps** So haben Sie Freude an Kaktus & Co

➤ **GU Serviceseiten**

Pflanzenpraxis

1. Kennen lernen	Seite 6–9
2. Auswählen	Seite 10–15
3. Gestalten	Seite 16–23
4. Pflegen	Seite 24–33
5. Vermehren	Seite 34–39

Vielfalt der Kakteen

Kakteen sind exotische Gäste, die das Wüstenflair ihrer Heimatregionen in unsere nördlichen Breiten bringen. Sie sind wahre Überlebenskünstler und gehören zur Gruppe der Sukkulenten, der Wasser speichernden Pflanzen. Um in ihrer Heimat, den trockenheißen Wüsten- und Felsregionen in Nord- bis Südamerika, überdauern zu können, haben sie verschiedene Anpassungsmechanismen entwickelt:

- Kakteen speichern das Wasser vor allem in ihrem verdickten Stamm, zum Teil auch in den Wurzeln.
- Die Wasser verdunstenden Blätter sind bei der Kakteen-Familie in harte Dornen umgewandelt, die keine Feuchtigkeit abgeben.
- Das für die Energiegewinnung notwendige Blattgrün findet sich dafür auf dem ganzen Kaktuskörper.
- Dieser wird durch eine derbe Oberhaut und oft auch Behaarung geschützt.

Rhipsalis-Arten bilden nach der Blüte sehr dekorative Früchte aus.

Aufbau der Kakteen

- **Der Körper:** Er ist eine Art Wasserballon und besteht zu 98 % aus Wasser. Die Wasser- und Nährstoffversorgung geschieht über ein zentrales Leitbündel, das von der Wurzel bis zur Vegetationsspitze am Scheitel verläuft und sich auch bis in die Seitensprosse verzweigt. An deren Endpunkten – meist auf den Kanten oder Höckern – sitzen in kleinen, meist wolligen Büscheln die Dornen. Dort bilden sich auch die Blüten und Sprosse. Die Schatten werfenden Rippen, Höcker und Warzen schützen zusätzlich vor Wasserverlust. Ähnlich wirken weißgraue bis blaue Wachsüberzüge, Korkbeläge oder samtige Flocken auf der Oberhaut.
- **Die Wurzel:** In Felswüsten beheimatete Kakteen besitzen oft dicke, Wasser speichernde Rübenwurzeln, im Sand wachsende Kakteen dagegen ein flaches Wurzelnetz. Arten, die auf Bäumen wachsen (Epiphyten), bilden ein herzförmiges Wurzelsystem und kletternde Kakteen sogar Luftwurzeln aus.

Die trichterförmigen Blüten der Rebutien strahlen in klaren Farben.

➤ **Die Dornen:** Sie vermeiden nicht nur Wasserverdunstung, sondern schützen auch vor schädigenden Sonnenstrahlen und Tierfraß. Teilweise dienen sie der Aufnahme von Luftfeuchtigkeit aus Tau oder Nebel. Dornen mit Widerhaken helfen oft bei der Vermehrung, indem Seitensprosse an Tieren hängen bleiben und an neue Standorte transportiert werden. Mehr zur Dornenvielfalt finden Sie in der Praxisinfo.

➤ **Die Blüten:** Die Größe variiert von wenigen Millimetern bis zu den Riesenblüten der »Königin der Nacht« mit 40 cm im Durchmesser. Die Farbpalette reicht vom reinsten Weiß über Gelb, Orange, Rot, Braun, Grün bis zum tiefsten Violett, nur Blau gibt es bei Kakteen nicht. Leider erreichen nicht alle Arten in Kultur eine blühfähige Größe – aber dafür erfreuen uns Kakteen mit ihrem oft bizarren Wuchs.

➤ **Die Früchte:** Die kugel- bis ovalrunden Früchte können unscheinbar oder auch leuchtend orange und rot gefärbt sein und größer als ein Hühnerei werden. Viele sind geschält sogar genießbar wie die Kaktusfeigenfrüchte.

Am natürlichen Standort können Kakteen sehr groß und alt werden.

Die Wuchsformen

Die deutschen Bezeichnungen Blatt-, Kugel-, Igel-, Melonen- und Säulenkaktus weisen schon auf den vielgestaltigen Wuchs hin. Während in der Kultur viele Arten nur ein Jugendstadium mit kugel- oder leicht säulenförmigem Wuchs erreichen, sieht man an den Naturstandorten oft uralte, busch-, baum- und faßförmige, kriechende und als Polster wachsende Formen. ■

PRAXISINFO

Große Dornenvielfalt

- Meist besteht ein Dornenbüschel aus kleinen, zum Kaktuskörper hin gerichteten Randdornen und kräftigen, abstehenden Mitteldornen.
- Dornen werden je nach Art wenige Millimeter bis etwa 20 cm lang.
- Sie können rund, kantig oder flach geformt sowie gerade, gebogen oder mit Widerhaken versehen sein. Also Vorsicht beim Anfassen der wehrhaften Gesellen!
- Es findet sich eine breite Farbpalette von edlem Grau bis hin zu Gelb und Rot.

Zauber der anderen Sukkulenten

Während die Kakteen aus der Neuen Welt stammen, gibt es auch außerhalb Amerikas eine Fülle von Sukkulenten.
Ihre Heimat liegt in den Trockengebieten Afrikas, aber auch Amerikas und Asiens. Sie schützen sich mit ähnlichen Tricks wie die Kakteen vor starker Verdunstung (→ Seite 6). Einige ziehen sich während der Trockenzeit völlig in die Erde zurück, andere werfen zum Schutz vor dem Austrocknen auch ihre Blätter ab. Sie speichern in ihrem Körper Wasser, dazu dienen rüben-, kugel- oder flaschenförmige Stämme und Wurzeln, oft auch dickfleischige Blätter. Etliche dieser Sukkulenten sind ähnlich bewehrt wie die Kakteen, nur entwickelten sich diese spitzen Organe nicht aus Blättern und werden deshalb botanisch als Stacheln bezeichnet.

Viele Echeveria-Arten verzweigen sich im Alter strauchartig.

Vielfalt der Sukkulenten

- **Stammsukkulenten** speichern Wasser in ihrem verdickten Stamm. Die aus Afrika kommenden Wolfsmilchgewächse (*Euphorbia*-Arten) stellen die umfangreichste Gattung dar. Ihre kugeligen oder säuligen Körper sehen den Kakteen oft täuschend ähnlich. Sie schützen sich vor Tierfraß durch Stacheln und einen ätzenden bis giftigen Milchsaft.
- **Blattsukkulenten** speichern ihre Wasserreserven in fleischigen Blättern. Bekannte Vertreter sind Agaven und Aloen. Aber es gibt auch Mischformen: Aloen z. B. bilden oft zusätzlich einen verdickten Stamm aus. Während einige Arten ihre saftigen Blätter vor gefräßigen Tieren durch Stacheln schützen, tun es unbewehrte wie die »Lebenden Steine« durch geschickte Tarnung. Bei anderen Arten steht der Schutz vor Wasserverlust im Vordergrund: Ihre weichen, oft blau oder weißgrau erscheinenden Blätter sind mit einer die Verdunstung hemmenden Wachsschicht überzogen. Häufig sitzen sie auch in dichten Rosetten zusammen, wo die Blätter sich gegenseitig beschatten und schützen.

Die Wuchsformen

Die Größenunterschiede und Formenvielfalt der nicht zur Familie der Kakteen gehörigen Sukkulenten sind ganz beträchtlich: Die winzigen Körper der »Lebenden Steine« im afrikanischen Wüstenboden werden nur wenige Zentimeter groß, etwas größere

Graptopetalum-Arten bilden hübsche Rosetten und verzweigte Blütenstände mit zierlichen Blüten.

Rosettenpflanzen besiedeln vorwiegend felsige Regionen, während sich in Halbwüsten einige Arten zu riesigen Bäumen von bis zu 10 m Höhe entfalten können. Baumförmige Euphorbien und Aloen prägen sogar das Landschaftsbild in den Trockengebieten Afrikas, wie dies die säulen- und kandelaberförmigen Kakteen in Amerika tun.

Die Blütenvielfalt

Da diese Sukkulenten keiner einheitlichen Familie angehören, tragen sie auch die unterschiedlichsten Blüten. Agaven etwa treiben aus ihrer Mitte oft mehrere Meter hohe Blütenstände, an denen glockige weiße Blüten hängen. Bei Aloen hingegen entspringen die Blütenstiele zwischen den Blättern, die von gelb bis weinrot variierenden Blüten sind kerzenförmig angeordnet und öffnen sich von unten nach oben. Wohl die kleinsten Blüten bilden die Wolfsmilchgewächse aus, sie bestechen aber durch ihre Blütenfülle und intensiv leuchtende Farben. ■

TIPP

>> einfach und bestechend

Sukkulenten fürs Kleinkind

Sie haben ein Krabbelkind zu Hause? Dann sollten Sie auf pieksende Arten verzichten, ebenso auf giftige wie *Senecio rowleyanus* und die Wolfsmilchgewächse. Stattdessen empfehlen sich:

- Rosettenpflanzen wie *Echeveria*- und *Graptopetalum*-Arten (→ Seite 49)
- harmlose Blattsukkulenten wie *Crassula*- und *Kalanchoe*-Arten
- die Ampelpflanze *Sedum morganianum*

PRAXISINFO

Blütenpracht der Sukkulenten

Hier können Sie nach Herzenslust auswählen:

- ✗ Kleine glockenförmige Blüten in Gelb, Orange oder Rot finden Sie bei Echeverien und Kalanchoen.
- ✗ Kerzenförmige Blütenstände mit gelben bis weinroten, länglichen bis glockenförmigen Blüten bieten die Aloen.
- ✗ Mit vielen winzigen, leuchtenden Blüten in vielen Farben bestechen die Euphorbien.
- ✗ Margeritenblüten in Weiß, Gelb, Orange oder auch Violett finden Sie bei den »Lebenden Steinen«.

Der richtige Standort

Fast alle Sukkulenten sind Sonnenkinder, entsprechende Ansprüche stellen sie auch in unseren Breiten. Jedoch strahlt die Sonne in unseren nördlichen Breiten weitaus schwächer als in den

Fast alle Gruppen bildenden Kaktus-Arten gedeihen in voller Sonne.

Heimatregionen der Sukkulenten. Kaktus & Co sollten deshalb in der Wohnung an Plätzen stehen, an denen sie möglichst viel Licht erhalten. Einige Arten stellen aber auch nicht so hohe Ansprüche und sind wahre Überlebenskünstler. Prüfen Sie am besten zuerst die Verhältnisse in Ihrer Wohnung, und wählen Sie dann geeignete Pflanzen aus (→ Praxisinfo). Sie können übrigens einige Arten auch ganzjährig im Freien ziehen (→ Seite 20).

Gute Lichtverhältnisse

➤ Ideal sind nach Süden, Südost oder Südwest gerichtete Fenster, wo Arten, die volle Sonne lieben, gut wachsen und blühen (in den Top 20 und den Tabellen ab Seite 42 tragen sie das Symbol ☼).

➤ Aber selbst an hellen Ost- und Westfenstern (Symbol ☼) lassen sich eine kleine Auswahl an Kaktus-Arten und viele andere Sukkulenten erfolgreich pflegen.

➤ Sogar am halbschattigen Nordfenster (Symbol ◐) gedeihen noch wenige Arten wie die Blattkakteen, sofern nicht Bäume oder Gebäude für zu viel Schatten sorgen.

➤ Ein Blumentisch im Zimmer ist jedoch nichts für die Kultur von Kaktus & Co, da die Lichtintensität mit zunehmender Entfernung vom Fenster rasch abnimmt.

➤ Ebenfalls ungeeignet sind Räume mit anhaltend hoher Luftfeuchtigkeit wie Badezimmer, weil dieses feuchte Klima Fäulnis fördert.

➤ Im Herbst und Winter, zur lichtarmen Jahreszeit, kann an weniger hellen Standorten eine Zusatzbeleuchtung die Widerstandskraft der Pflanzen steigern. Das Licht einfacher Glühbirnen ist hierfür nicht geeignet. Empfehlenswert sind Quecksilberdampf-Hochdrucklampen.

Passende Temperaturen

Neben dem Licht ist vor allem die Temperatur ein Faktor, der ihre Wachstums- und Blühphasen bestimmt.

➤ Von April bis September wollen Kaktus & Co möglichst warm stehen. Ab Herbst trennen sich dann die Geister:

➤ Die Kakteen, die eine kühle Überwinterung wollen, beziehen ab Oktober ihr Winterquartier an einem hellen, kühlen, aber frostfreien Platz bei etwa 5–12 °C, wo sie ihr Wachstum einstellen

Die »Lebenden Steine« brauchen einen hellen Platz am Fenster, um gut zu wachsen.

und ihre Ruhezeit einlegen (→ Seite 28, diese Gruppe erkennen Sie in den Top 20 und den Tabellen ab Seite 42 am Symbol [🌡°C]). Bleiben diese Arten stattdessen auf der geheizten Fensterbank, wachsen sie unschön »vergeilend« weiter, bilden also dünne und blasse Triebe aus. Zu diesem hässlichen Aussehen kommt noch als weitere unangenehme Folge, dass die Blüte im Frühjahr ausfällt.
Überlegen Sie also, ob Sie Vertretern dieser Gruppe im Winter einen hellen Platz im kühlen Gang oder Schlafzimmer bieten können.

➤ Wenn Sie über kein kühles Winterquartier verfügen, wählen Sie besser Arten, die eine wärmere Überwinterung (Symbol [🌡°C]) bei Temperaturen nicht unter 12 °C wollen. Zu diesen zählen die meisten Blattkakteen, *Melocactus*-Arten sowie fast alle anderen Sukkulenten.

Ausreichend frische Luft

Kaktus & Co lieben viel frische Luft, das macht sie widerstandsfähig gegen Krankheiten und Schädlinge.

➤ Lüften Sie Zimmer mit Kaktus & Co also möglichst täglich, vermeiden Sie dabei aber kalte Zugluft.

➤ Optimal ist es, wenn Sie die Pflanzen während der warmen Jahreszeit regengeschützt vor das Fenster ins Freie an die frische Luft stellen. ■

PRAXISINFO

Was wähle ich für mein Fenster?

- ✗ **Sonniges Südfenster:** alle marktüblichen Kakteen wie z. B. Kugelkakteen und klein bleibenden anderen Sukkulenten wie *Euphorbia*- und *Pachypodium*-Arten
- ✗ **Helles Ost- oder Westfenster:** Kakteen wie *Parodia*-, *Rebutia*- und *Stenocactus*-Arten sowie andere Sukkulenten wie *Echeveria*-, *Gasteria*-, *Graptopetalum*-, *Haworthia*- und *Sedum*-Arten
- ✗ **Halbschattiges Nordfenster:** am Naturstandort baumbewohnende Kakteen mit entsprechend geringen Lichtansprüchen wie Weihnachtskaktus sowie *Epiphyllum*- und *Rhipsalis*-Arten

Nach Wuchs und Größe wählen

Vor allem die verblüffende Vielfalt der Wuchsformen und die unterschiedlichen Größen machen den Reiz von Kaktus & Co aus. Dabei legen die sukkulenten Schönheiten ein recht unterschiedliches Wachstum an den Tag und können sich zum Teil ganz schön »ausbreiten«. Überlegen Sie besser vor dem Kauf, ob Sie für die Pflanzen auf Dauer ausreichend Platz haben, damit Sie sich auch möglichst lange an ihnen erfreuen können.

Das Greisenhaupt gehört zu den Kakteen mit säulenförmigem Wuchs.

Platzbedarf von Kakteen

Der Großteil der Kakteen wächst relativ langsam und kann viele Jahre am gleichen Platz stehen, aber es gibt auch Ausnahmen!

➤ Kugelkakteen wie *Echinocactus*-Arten bilden nur eine Kugel aus, die sich nicht verzweigt. Sie bleiben meist jahrelang in Größenordnungen, die die Pflege am Fensterbrett erlauben.

➤ Gruppenbildende Formen wie viele *Echinocereus*-Arten zeigen zunächst nur ein bis drei Triebe. Sie können sich aber bei guten Bedingungen binnen weniger Jahre vergrößern oder sich gar rasenförmig ausbreiten und benötigen bald anstatt eines Topfes eine Schale.

➤ Freudig sprossende Kakteen wie viele *Echinopsis*- und *Mammillaria*-Arten bilden mit den Jahren große Gruppen, die dann in Schalen gepflanzt besser zu kultivieren sind.

➤ Blattkakteen wie Weihnachts- und Osterkaktus wachsen zwar zu kleinen Büschen heran, sind im Platzanspruch aber für lange Zeit eher bescheiden. Im Alter können sie bei guter Pflege zu beachtlich großen Exemplaren heranwachsen, die einen geräumigen Kübel benötigen. Sie können jedoch gut während der warmen Jahreszeit draußen im Freien stehen.

➤ Größer werdende Blattkakteen wie die *Epiphyllum*-Hybriden stehen besser auf dem Fußboden.

➤ Säulenförmige Kakteen schießen bei guter Pflege rasch in die Höhe und sind deshalb ebenfalls mehr für einen Platz auf dem Fußboden geeignet.

➤ Für die hängend wachsenden *Rhipsalis*- und *Hatiora*-Arten brauchen Sie Ampelgefäße und eine geeignete Möglichkeit zum Aufhängen in der Nähe eines Fensters (→ unten).

Der Platzbedarf von Sukkulenten

Im Gegensatz zu den meisten Kakteen können die anderen Sukkulenten mit erstaunlicher Geschwindigkeit wachsen.

➤ Es gibt jedoch auch viele klein bleibende Sukkulenten,

die sich am Fensterbrett auf wenig Raum gut und auf Jahre hinaus kultivieren lassen. Zu ihnen zählen *Crassula-*, *Echeveria-*, *Kalanchoe-* und *Haworthia*-Arten sowie die »Lebenden Steine«, die *Conophytum-* und *Lithops*-Arten.

➤ Für säulig wachsende, sich teils verzweigende *Euphorbia*-Arten, im Alter meist baumförmige *Aeonium*-Arten sowie wuchsfreudige Agaven und Aloen sollten Sie einen Platz auf dem Fußboden reservieren, denn sie vergrößern sich recht schnell. Fürs Fensterbrett sind lediglich klein bleibende Aloen und Agaven während ihres Jugendstadiums geeignet.

Die gesellig wachsenden Mammillaria-Arten bilden einen Blütenrasen aus.

Kaktus & Co als Ampelpflanzen

Vor allem Arten mit langen, herabhängenden Trieben sehen als Ampelpflanzen sehr dekorativ aus. Die Ampel müssen Sie aber an einem ausreichend hellen Platz aufhängen.

➤ Hervorragende »Ampelkakteen« sind buschig-überhängend wachsende Baumbewohner wie die Weihnachtskakteen (*Schlumbergera*-Hybriden), *Rhipsalis*-Arten sowie einige *Disocactus-* und *Epiphyllum*-Arten. Sie alle bevorzugen einen warmen und leicht feuchten Winterstand und geben sich mit den Lichtverhältnissen eines West- oder Ostfensters, zur Not sogar mit einem Nordfenster zufrieden.

➤ Darüber hinaus eignen sich an hellen Plätzen *Cleistocactus winteri* und *Disocactus flagelliformis* zur Kultur in Ampeln.

➤ Außer den genannten Hängeformen können Sie natürlich auch nicht überhängend wachsende Arten, z. B. einen Kugelkaktus, in einer Ampel kultivieren.

➤ Von den anderen Sukkulenten gedeihen in Ampeln besonders *Sedum-* und *Senecio*-Arten sowie hängende Wuchsformen von *Crassula* und *Kalanchoe*. Die zierlichen Triebe wirken darin sehr dekorativ. ■

PRAXISINFO

Was wächst worin?

Einzelpflanzen für Töpfe:
✗ Greisenhaupt, Melonenkaktus, kugelige Euphorbien und Wüstenrose

Gruppen für Schalen:
✗ *Echinocereus salm-dyckianus* oder *Mammillaria*-Arten, *Euphorbia enopla* sowie die Aasblume

Dekorative Ampelpflanzen:
✗ *Disocactus-*, *Epiphyllum-* und *Rhipsalis*-Arten, Weihnachtskaktus, *Sedum-* und *Senecio*-Arten

Kaufen und transportieren

Wo gibt es all die sukkulenten Schönheiten? Die folgenden Tipps werden Einkauf und Transport erleichtern.

Kaktus & Co erhalten Sie in großer Artenauswahl in spezialisierten Gärtnereien, die aber meist nur direkt ab Gewächshaus oder auf Pflanzenmärkten verkaufen. Auch große Fachgeschäfte und Gartencenter führen das ganze Jahr über Sukkulenten, die in Gärtnereien in Holland, Dänemark oder Deutschland herangezüchtet werden. Übrigens wurden in den letzten Jahren vor allem bei den Kakteen viele botanische Namen geändert, oft jedoch sind sie im Handel noch unter den alten Namen zu finden. Ein Verzeichnis der bisherigen Änderungen finden Sie auf Seite 58.

In gut sortierten Läden gibt es eine Vielzahl sukkulenter Arten oft sogar gerade blühend zu kaufen.

Qualität einkaufen

Wenn Sukkulenten im Laden lange auf einen Käufer warten müssen, ist das ihrer Qualität nicht immer förderlich. Zunächst sollten Sie prüfen, ob die Pflanzen frei sind von **Schädlingen** und **Krankheiten** (→ Seite 30/31):

- An den Triebspitzen, zwischen den Dornen und am Wurzelhals dürfen keine weißlichen Wollflöckchen zu sehen sein, darunter sitzen nämlich Wollläuse.
- Kleine braune, ovale Höcker auf der Oberhaut weisen auf Schildläuse hin.
- Sind im Neutrieb oder darunter graue bis gelbbraune, trockene Verfärbungen erkennbar (nicht zu verwechseln mit einer natürlichen Korkbildung am Fuß der Pflanze!) ist Vorsicht geboten. Dies weist auf einen Befall mit Roter Spinnmilbe hin.
- Prüfen Sie nach Möglichkeit noch, ob die Wurzeln hell und gesund aussehen.

Bedenken Sie jedoch bei der Beurteilung der Qualität, dass je nach Jahreszeit Kaktus & Co ein sehr unterschiedliches

Kleine Pflanzen wie die Aasblume lassen sich leicht nach Hause transportieren.

Aussehen haben. Der Gesundheitszustand ist dann oft sehr schwer zu beurteilen.
Während der **Ruhezeit** im **Spätherbst** und **Winter** sind sie meist farblos und je nach Art mehr oder weniger faltig und geschrumpft. Achten Sie in dieser Zeit besonders auf folgende Merkmale:

➤ Die Oberhaut sollte keine wässrig-dunklen oder weichen bräunlichen Flecken zeigen.

➤ Der Körper muss trotz der Schrumpffalten fest sein.

Im **Frühjahr** und **Sommer** sehen gesunde Pflanzen wieder anders aus:

➤ Ihre Körper sind wieder gefüllt, bilden Knospen oder blühen bereits.

➤ Die Triebspitzen zeigen frischen Neutrieb mit hellen, bunten Dornen.

Richtig transportieren

Eine gute Verpackung schützt die Sukkulenten beim Transport – wie auch den neuen Besitzer.

➤ Wickeln Sie die Pflanze in Papier wie einen kleinen Blumenstrauß.

➤ Auch wenn festes Papier gut vor den Dornen schützen kann, sollten Sie wehrhafte Arten am Topf fassen.

➤ Kaufen Sie mehrere Pflanzen gleichzeitig, fragen Sie nach einem praktischen Untersatz aus Styropor (auch Palette genannt), wie er von den Händlern benutzt wird. Dort können Sie die Töpfe in vorgeformte Löcher stecken, so dass Sie sie alle zusammen leicht tragen und im Auto vorteilhaft verstauen können.

➤ Beim Transport in einer geräumigen Schachtel fixieren Sie die Töpfe besser mit zusammengedrehtem Zeitungspapier, damit sie nicht umfallen können.

➤ Kaktus & Co sind kälteempfindlich! Verlassen Sie sich nie darauf, dass die Art zu den so genannten »Winterharten« zählt. Die Pflanze ist es nur, wenn sie auch entsprechend abgehärtet wurde. Beachten Sie an Frosttagen die Hinweise der Checkliste. ■

CHECKLISTE

Transport im Winter

So bringen Sie Ihre neu gekauften Exemplare ohne Frostschäden heim:

✔ Lassen Sie sie warm in mehrere Lagen Papier einwickeln und mit Klebeband oder Tacker gut verschließen.

✔ Packen Sie sie zusätzlich in eine isolierende Tasche.

✔ Tragen Sie sie so geschützt im Freien nur möglichst kurze Wegstrecken.

✔ Stellen Sie sie nicht in den kalten Kofferraum, sondern in den geheizten Innenraum des Autos!

✔ Wickeln Sie sie daheim gleich aus, und bringen Sie sie an ihren Platz.

Wüstenflair fürs Haus

Mit Kaktus & Co können Sie den Zauber von deren exotischer Heimat in Ihre vier Wände bringen.
Jeden noch ausreichend hellen und warmen Standort (→ Seite 10) im Haus können Sie mit geeigneten Arten bestücken. Meist werden Sie ein Plätzchen auf dem Fensterbrett dafür ins Auge fassen.

Schlanke Terrakottatöpfe unterstreichen die Wirkung der Kakteen.

Vielleicht aber gibt es bei Ihnen ja auch bis zum Fußboden reichende Fenster oder ein helles Treppenhaus mit Platz für größere Gefäße?

Für eine Saison oder das ganze Jahr?

Vor der Gestaltung ist noch ein Punkt zu klären: Wollen Sie Ihre Sukkulenten das ganze Jahr über an einem warmen Standort kultivieren oder sind Sie in jedem Herbst und Frühjahr bereit für große »Umräumaktionen«?

➤ Im ersten Fall kombinieren Sie nur Arten, die auch warm überwintern (Empfehlungen → Praxisinfo).

➤ Sie können im zweiten Fall natürlich auch noch Kakteen, die eine kühle Winterruhe (→ Seite 28) lieben, auswählen. Diese müssen jedoch ab Oktober ins Winterquartier.

Gestaltungstipps fürs Fensterbrett

Reizvoll wirkt eine gelungene Kombination von Pflanzen, Gefäßen und Accessoires.

➤ **Pflanzen:** Klassisch-schön wirkt es, wenn Sie Sukkulenten mit unterschiedlicher Wuchsform und Höhe nebeneinander stellen. Sie können ganz nach Geschmack Arten mit ähnlich gefärbten Körpern oder solche mit unterschiedlichen Färbungen kombinieren. Besonders in modernen Wohnungen mit klaren, geometrischen Linien wirkt es oft sehr elegant, wenn Sie mehrere gleiche Arten nebeneinander aufstellen.

➤ **Gefäße:** Gut zu einfarbigen Sukkulenten passen Gefäße mit farbenfrohen Mustern. Schlichte Terrakottatöpfe sehen edel aus, sie haben den Vorteil, mit fast jeder Einrichtung zu harmonieren. Übertöpfe aus Metall wiederum wirken gut in sehr modernen Wohnräumen. Wenn es der Platz erlaubt, können Sie am Fenster auch Ampeln aufhängen. Besonders schön wirkt eine Kombination von zwei bis drei Ampeln, die in unterschiedlichen Höhen schweben und mit verschiedenen Arten (→ Seite 13) bepflanzt sind.

➤ **Accessoires:** Zu den exotischen Sukkulenten passen besonders Accessoires mit

Wenn sich am Fenster Blüten öffnen, dürfen Sie sie auch zum besseren Bewundern ins Zimmer drehen.

Wüstenflair, z. B. Schalen mit Sand, Steine, südamerikanisch oder afrikanisch wirkende Figuren.

Schalen gestalten

Mit folgenden Tipps werden sie eine Augenweide:

➤ Die niedrigeren Arten kommen nach vorn, also an die Seite, die der Fensterscheibe am nächsten steht.

➤ Setzen Sie dahinter dann der Größe nach ansteigend die weiteren Arten dazu.

➤ Wählen Sie einen ausreichenden Pflanzabstand für breit wachsende und Gruppen bildende Arten.

Sukkulenten auf dem Fußboden

Prächtige Sukkulenten in stattlichen Gefäßen (→ Seite 18) lassen sich auf dem Boden schön arrangieren:

➤ Auch hier wirkt es sehr abwechslungsreich, wenn Sie verschiedene Arten (→ oben) kombinieren.

➤ Verwenden Sie Gefäße aus einheitlichen Materialien. Ein zu großes Durcheinander wirkt hier unruhig. ■

TIPP

>> einfach und bestechend

Mehr Platz auf dem Fensterbrett

➤ Schmale Fensterbretter können Sie mit einer aufgelegten, passend zugeschnittenen Platte aus Holz oder anderem Material verbreitern. Sie sollte aber gut befestigt oder abgestützt werden, damit sie nicht plötzlich kippt.

➤ Wenn Sie ein kleines, lichtdurchlässiges Regal mit Glasböden direkt vor dem Fenster aufstellen, haben dort in mehreren Etagen viele Mini-Sukkulenten Platz.

PRAXISINFO

Gute Partner fürs ganze Jahr

Empfehlenswerte Kombinationen für warme Plätze:

✗ Säulenformen wie das Greisenhaupt *(Cephalocereus senilis)* und Kugelkakteen wie Schwiegermuttersessel *(Echinocactus grusonii)* oder Melonenkaktus (*Melocactus*-Arten)

✗ *Echeveria*- und *Euphorbia*-Arten

✗ Baumförmig wachsende Arten wie Wüstenrose *(Adenium obesum)* und Rosettenpflanzen wie *Aeonium*- sowie *Echeveria*- oder *Greenovia*-Arten

Balkon, Terrasse, Wintergarten

Balkon, Terrasse und Wintergarten bieten den Sukkulenten ausgesprochen paradiesische Verhältnisse.
In diesen Bereichen können Sie auch Pflanzen unterbringen, die nicht mehr aufs Fens-

Selbst »dickköpfige« Kugelkakteen passen oft noch auf den Balkon.

terbrett passen. Zu diesen zählen z. B. großwüchsige Kakteen wie Säulen- *(Cereus-)* und Feigenkakteen (*Opuntia*-Arten), Blattkakteen (*Epiphyllum*-Hybriden), *Aloe*- und *Agave*-Arten sowie baum- oder säulenförmig wachsende Arten wie Euphorbien. Sehr hübsch wirken im Freien auch Ampeln. Bepflanzen Sie sie doch mit einer *Disocactus*-, einer hängenden *Crassula*- oder *Kalanchoe*-Art.

Auf Balkon und Terrasse

Schöne Sukkulenten im Kübel (→ Praxisinfo) können Sie ab Mitte Mai ins Freie auf Balkon oder Terrasse stellen. Auch hier gelten die Tipps für die Kombination von Gefäßen (→ Seite 16/17). Außerdem gibt es einige Besonderheiten zur Pflege:

- Draußen müssen sich die Pflanzen erst an die Sonne gewöhnen. Decken Sie sie deshalb die erste Woche bei Sonne mit Papier ab.
- Ideal ist ein Platz unter dem Vordach, wo die Pflanzen vor Regen geschützt sind.
- Wenn dies nicht der Fall ist, sollten Sie die Gefäße mit einer Drainageschicht versehen (→ Tipp) und außerdem die Sukkulenten bei Dauerregen abdecken.
- Vor dem ersten Frost im Herbst müssen alle genannten Sukkulenten wieder ins Haus gebracht werden.

Erdbeertopf einmal anders

Erdbeertöpfe sind große Gefäße aus Ton, bei denen auch seitliche Ausbuchtungen bepflanzt werden können. Für einen regengeschützten Standort können Sie auch einen Sukkulenten-Topf gestalten: In die große Öffnung in der Mitte setzen Sie eine imposante, hoch wach-

>> einfach und bestechend

TIPP

Gegen Staunässe im Kübel

- Füllen Sie zuerst eine 2–3 cm dicke Drainageschicht aus Kies in das Gefäß.
- Verwenden Sie ein wasserdurchlässiges, gröberes Substrat, gemischt mit Bims oder Lava.
- Stellen Sie das Gefäß nicht in einen Untersetzer, damit überschüssiges Wasser abläuft.

sende Art wie *Phyllocactus*, für die seitlichen Taschen wählen Sie zierliche Rosettenpflanzen wie *Echeveria*, *Pachyphytum* und *Graptopetalum* oder hängende Arten wie *Crassula* und *Sedum*.

Wintergarten gestalten

Ein heller, warmer Wintergarten mit guter Lüftungsmöglichkeit ist ein Paradies für Sukkulenten.

➤ Besonders imposant wirken dort Kaktus & Co im **Kübel** und zu kleinen Gruppen zusammengestellt. Dabei sollten Sie nicht zu viele Gefäße aus unterschiedlichen Materialien mischen.

➤ Attraktiv für den Wintergarten sind auch **Tröge**, die mit mehreren Arten abwechslungsreich gestaltet werden können (→ Schalen gestalten, Seite 17).

➤ Wer viel Platz hat, kann ein ummauertes **Hochbeet**, das mindestens eine 20 cm dicke Schicht Substrat fasst, mit einer Sukkulentenlandschaft bepflanzen. Dieses eignet sich übrigens auch für Gewächshäuser:

➤ Hoch und säulig wachsende Arten setzen Sie auf die Nordseite. Von Nord nach Süd folgen dann immer niedrigere Pflanzen. Im Norden können z. B. *Cereus*-Arten stehen, in der Mitte *Espostoa*- und *Aloe*-Arten.

➤ Pflanzen Sie davor nächst kleinere Arten wie *Ferocactus* oder andere Sukkulenten wie kleine Agaven.

➤ Für den Abschluß des Beetes im Süden eignen sich niedrige Pflanzen wie *Mammillaria-*, *Echeveria-* oder *Sedum*-Arten.

➤ Sand, bunter Kies und kleine Felsen bringen zusätzliches Wüstenflair. ■

Ein Sukkulenten-Erdbeertopf bringt Wüstenflair auf die Terrasse.

PRAXISINFO

Schöne Sukkulenten für den Kübel

- ✗ Kakteen: großwüchsige *Cereus*-Arten oder auch *Echinocactus grusonii*, *Echinopsis*- und *Ferocactus*- sowie *Opuntia*-Arten, dazu passen noch sehr gut Blattkakteen wie *Epiphyllum*-Hybriden und Weihnachtskakteen (*Schlumbergera*-Hybriden)
- ✗ Von den anderen Sukkulenten empfehlen sich *Agaven*- und *Aloe*-Arten, *Nolina recurvata*, *Pachypodium*-Arten sowie baum- oder säulenartig wachsende *Euphorbium*-Arten und die wüchsigen Yuccas.

Kaktus & Co im Garten

Verleihen Sie Ihrem Garten mit exotischen Sukkulenten das ganze Jahr über einen Hauch von Wüstenflair.

Es gibt tatsächlich Kakteen und Sukkulenten, die man auch in unseren Breiten ganzjährig im Freien lassen kann. An ihrem heimatlichen Standort überwintern sie in eisigen Regionen, jedoch herrschen dort deutlich andere Klimabedingungen als in Europa. In nicht zu rauen Regionen kann dennoch bei uns eine ganzjährige Kultur von Kakteen mit einigen Arten gelingen, zu ihnen gehören *Opuntia* und *Echinocereus*. Von den anderen Sukkulenten sind *Yucca filamentosa* und *Y. flaccida* völlig winterfest, *Agave utahensis* jedoch braucht bei starkem Frost eine Abdeckung (→ Winterschutz, Seite 28).

Im Steingarten wirken viele winterharte Sukkulenten, als wären sie am Naturstandort.

Sukkulenten im Steingarten

Im Steingarten finden diese Arten eine Umgebung vor, die etwas an ihre Heimatregionen erinnert. Sie können ihn als ein in der Mitte gewölbtes Beet oder als Steinlandschaft an einem Hang gestalten. So gedeihen die Exoten draußen am besten:

- Im Boden darf keine Staunässe auftreten. Bringen Sie deshalb in etwa 50 cm Tiefe eine 10–15 cm hohe Drainage-Schicht aus Kies ein.
- Auch das Bodensubstrat selbst sollte gut wasserdurchlässig sein. Mischen Sie am besten Bimskies oder Lavagrus mit Sand und Gartenerde. Nachdem das Substrat auf den Kiesuntergrund aufgebracht ist, arrangieren Sie einige größere Steine darauf.
- Jetzt können Sie pflanzen. Setzen Sie mit hochwachsenden Arten Akzente, umgeben Sie sie mit niedriger bleibenden Sukkulenten, und füllen Sie Lücken mit Arten auf, die rasenartig wachsen.
- Sie können die Exoten auch mit vielen gängigen

Geschützt durch Hauswand und Vordach sind einige Opuntia-Arten in nicht zu rauen Lagen winterhart.

Freiland-Sukkulenten wie *Sedum-* und *Sempervivum-*Arten kombinieren.

➤ Während der Wachstumszeit vom Frühjahr bis Sommer muss auch im Steingarten bei Trockenheit immer gegossen und regelmäßig gedüngt werden.

➤ Bei tagelangen kräftigen Regenfällen, die auch im Sommer den Boden stark abkühlen, ist es ratsam, die Sukkulenten vorübergehend mit Folie abzudecken.

➤ Ab September müssen Sie sich etwas um Ihre Exoten kümmern, damit sie gut über den Winter kommen (→ Seite 28).

➤ Kontrollieren Sie im Frühjahr die Pflanzen nach abgestorbenen Gliedern, und entfernen Sie sie. Angefaulte Teile müssen sorgfältig bis ins gesunde Gewebe zurückgeschnitten werden. Erschrecken Sie übrigens nicht beim Anblick Ihrer Sukkulenten, die im Freien überwintern: Es ist ganz normal, dass sie in dieser Zeit einschrumpfen. Sind sie heil über den Winter gekommen, werden die Pflanzenkörper im Frühjahr wieder prall, treiben viele Knospen und blühen üppig.

Beet unterm Vordach

Vielleicht haben Sie auch ein warmes, geschütztes Plätzchen an einer Hauswand unter dem Vordach, um ein kleines Exoten-Beet anzulegen? Dort sind sogar zusätzlich zu den bereits genannten Arten noch einige *Austrocactus-*, *Escobaria-* und *Pediocactus-*Arten winterhart.

➤ Legen Sie hier ebenfalls eine Kiesdrainage an, und verwenden Sie gut wasserdurchlässige Substratmischungen.

➤ Für eine attraktive Gestaltung setzen Sie die hoch wachsenden Arten nahe an die Hauswand, und pflanzen Sie je nach verfügbarem Platz mittelhohe und niedrigere davor.

➤ Setzen Sie mit Steinen oder witzigen Accessoires wie Figuren Akzente. ■

PRAXISINFO

Kultur im Freien

- ✗ Winterharte Kakteen: *Echinocereus coccineus* und *E. triglochidiatus* var. *mojavensis*, *Opuntia fragilis*, *O. humifusa* und *O. phaeacantha*
- ✗ Andere winterharte Sukkulenten: *Yucca filamentosa* und *Y. flaccida* sowie *Agave utahensis* (diese braucht draußen bei Frost eine Abdeckung)
- ✗ Vor einer Hauswand unter dem Schutz eines Vordachs winterharte Kakteen: *Austrocactus patagonicus*, *Escobaria missouriensis*, *Escobaria sneedii*, *Pediocactus paradinei*, *Pediocactus simpsonii* sowie alle *Sclerocactus*-Arten

Feste feiern mit Mexican Flair

Sukkulenten können einen sehr ungewöhnlichen und dekorativen Rahmen für Feste liefern.
Tischdekoration einmal anders: Bereits ein Kaktus kann mexikanisches Flair auf einem liebevoll gedeckten Tisch verbreiten. Ist Ihre Tafel etwas geräumiger, stellen Sie eine bunte Mischung von Kaktus & Co in farbenfrohen Töpfen zwischen die Platten und Schüsseln mit den Speisen.
Für das mexikanische Buffet eignen sich gut landestypische Speisen wie Tacos und Empanadas sowie feurig-scharfe Saucen. Für ganz Mutige gibt es frische Chilischoten. Wer gern in gut sortierten Fachgeschäften stöbert, findet dazu gut passendes Essgeschirr mit südamerikanischen Mustern und sogar Servietten mit Kakteenmotiven, die das exotische Bild abrunden.
Als originelles Geschenk können Sie für jeden Besucher einen Kaktus in ein Papier mit Kakteen-Motiven verpacken und mit einem farbigen Bast umwickeln. Wenn Sie noch jeweils den Namen des Gastes darauf schreiben, kann er zusätzlich als »Platzkaktus« neben dem Gedeck fungieren.
Als exotisches Dessert zur Abrundung des mexikanischen Buffets empfehlen sich die grünen, gelben oder orangen Früchte des Feigenkaktus *(Opuntia ficus-indica)*. Vorsichtig geschält und gut gekühlt schmecken sie sehr erfrischend. Das saftige, leicht süße Fruchtfleisch wird übrigens mitsamt den kleinen Samenkernen verzehrt.

Eine essbare Dekoration: die Früchte der Kaktusfeige. Aufmerksame Gastgeber servieren sie geschält und gut gekühlt als erfrischendes Dessert.

Bereits ein Kaktus bringt zusammen mit schönem Geschirr, typischen Speisen und witzigen Accessoires mexikanisches Flair auf das Buffet.

Als Geschenk für jeden Gast gibt es eine hübsch in Papier mit Kakteen-Motiven verpackte bedornte Schönheit.

Richtig umtopfen

Gönnen Sie Kaktus & Co hin und wieder frische Erde und einen neuen, geräumigeren Topf, damit sie allzeit gut gedeihen.

Heute können Sie fast überall im Handel Spezialerde für Kaktus & Co erwerben. Sie ist meist sehr humusreich und mit Sand sowie Styropor-Flocken aufgelockert. Besonders gut kommen Blattkakteen (→ Seite 42) mit diesen Mischungen zurecht. Für die anderen Arten ist es vorteilhaft, noch etwas porösen Bimskies oder Lavagrus unterzumischen.

Das richtige Gefäß

Ton oder Plastik, was ist für Kaktus & Co eigentlich am besten geeignet?

➤ **Tontöpfe** sind luft- und feuchtigkeitsdurchlässig, das Substrat trocknet dadurch schneller aus und Sie müssen öfter gießen. Für hohe Arten ist ein Tontopf wegen seiner größeren Standfestigkeit empfehlenswert. Außerdem gibt es Tontöpfe in vielerlei Farben, Formen und Mustern, die Sie vorteilhaft zur Gestaltung einsetzen können (→ Gestaltungstipps fürs Fensterbrett, Seite 16).

➤ **Plastiktöpfe** lassen das Wasser wesentlich langsamer verdunsten, bei ihnen muss weniger und gefühlvoller gegossen werden. Es gibt sie aber nur in einer ziemlich beschränkten Farben- und Formenpalette.

➤ **Die Topfgröße** sollte nach der Größe des Wurzelballens und der Pflanze gewählt werden. Es reicht, wenn der Topfdurchmesser 1–2 cm größer ist als der Wurzelballen.

➤ **Übertöpfe** können Sie ganz nach Ihrem persönlichen Geschmack auswählen.

1 Pflanze austopfen

Wehrhafte Arten fassen Sie zum Schutz besser nur mit Hilfe von dicken Arbeitshandschuhen, zwei Styropor-Stücken oder einer Zange an.

2 Wurzeln vorbereiten

Säubern Sie den Ballen unter Schonung der gesunden, hell und fest erscheinenden Wurzeln, und lassen Sie ihn dann einige Stunden abtrocknen.

3 Pflanze eintopfen

Streuen Sie etwa bis zur Hälfte Substrat hinein, und setzen Sie den Ballen hinein. Füllen Sie den Topf mit Erde auf, und drücken Sie sie etwas fest.

Schöne Gefäße unterstreichen den Reiz der exotischen Sukkulenten.

Umtopfen Schritt für Schritt

Wenn die Wurzeln bereits aus dem Wasserabzugsloch wachsen und die Sukkulenten deutlich zu groß werden für einen Topf, wird es Zeit für's Umtopfen. Die günstigste Zeit liegt im Frühling oder Frühsommer während einer Warmwetterperiode. Wichtig ist dabei, dass der Wurzelballen der Pflanze wirklich trocken ist, sonst kann er nach dem Umtopfen zu faulen beginnen. Denken Sie also schon einige Tage vor dem Umtopfen daran, nicht mehr zu gießen.

➤ **Austopfen:** Vorsicht bei Arten mit Dornen oder Stacheln! Gut gepolsterte Handschuhe bieten nicht immer ausreichend Schutz. Packen Sie besonders wehrhafte Pflanzen nur mit zwei dicken Styropor-Stücken oder einer Nudelzange an. Wenn der Wurzelballen sich schlecht aus dem Topf löst, hilft meist ein Aufstoßen des Topfrandes auf der Tischkante. Notfalls muss leider der alte Topf auch zerschlagen werden.

➤ **Wurzelballen vorbereiten:** Der Ballen muss nun am besten mit einem Pikierholz oder Stäbchen gesäubert und von abgestorbenen Wurzeln sowie verbrauchter Erde befreit werden. Schonen Sie dabei die gesunden Wurzeln, diese sind hell und fest. Das gesäuberte Wurzelwerk wird nun mindestens für einige Stunden zum Abtrocknen an die frische Luft gelegt.

➤ **Eintopfen:** Decken Sie das Wasserabzugsloch am Boden des neuen, sauberen Topfes mit einem Stein oder einer Tonscherbe ab, und füllen Sie den Topf mit trockenem Substrat je nach Größe des Wurzelballens etwa halb voll. Setzen Sie nun in die Mitte des Substrates den Ballen so tief ein, dass der untere Körperrand der Pflanze in etwa auf einer Höhe mit dem Topfrand liegt. Nun wird der Topf rund um den Ballen mit Substrat gefüllt und dieses mit einem Stäbchen oder Kaffeelöffel leicht an die Wurzeln gedrückt. Gießen Sie die umgetopfte Sukkulente nun mindestens eine Woche lang nicht, damit sie nicht etwa zu faulen beginnt! Stellen Sie die Pflanze während dieser »Trockenzeit« nicht in die pralle Sonne. ■

PRAXISINFO

Sukkulenten umtopfen

Zeitbedarf:
je nach Größe der Pflanze 10–20 Min.
Zeit zum Abtrocknen 3–4 Std.

Material:
- ✗ Kakteenerde und Sand, Bimskies oder Lavagrus
- ✗ Gefäße, die 1–2 cm größer sind als die alten

Werkzeug:
- ✗ Pikierholz zum Säubern des Wurzelballens
- ✗ gut gepolsterte Arbeitshandschuhe
- ✗ zwei Styroporstücke oder eine Nudelzange
- ✗ Kaffeelöffel zum Festdrücken der Erde

Gießen und Düngen

Verwöhnen Sie Ihre Sukkulenten nach allen Regeln der Kunst mit weichem Wasser und mit lebenswichtigen Nährstoffen!

Wasser und Nährstoffe brauchen die Pflanzen aber nur in

Sedum-Arten wachsen langsam und brauchen deshalb wenig Dünger.

Maßen und zum richtigen Zeitpunkt. Beim Gießwasser ist nicht nur die Menge, sondern auch die Qualität entscheidend:

➤ Der pH-Wert ist ein Maßstab für den Säuregrad des Wassers. Er sollte für die meisten Sukkulenten zwischen 5 und 6,7 liegen, also schwach sauer sein. Messen können Sie ihn mit käuflichem Indikator-Papier.

➤ Wichtig ist auch der Härtegrad des Wassers, der weitgehend vom Kalkgehalt bestimmt wird. Den Grad erfahren Sie bei Ihrem Wasserwerk. Sehr hartes Wasser (über 10°) muss enthärtet werden. Im Fachhandel sind zahlreiche Mittel und Geräte für diesen Zweck erhältlich.

➤ Regenwasser erfüllt die obigen Ansprüche und ist daher immer noch das beste und billigste Gießwasser.

Wichtige Gießregeln

Verwenden Sie eine Gießkanne mit langem Ausguss, mit der Sie leicht das Substrat erreichen, ohne die Sukkulenten zu benetzen. Vor allem Rosettenpflanzen sollen nicht ins »Herz« gegossen werden. Kaktus & Co lassen sich grundsätzlich in zwei Gruppen einteilen:

➤ Die »Mäßigen«, die regelmäßig kleine Wassergaben bekommen und während der Wachstumszeit und ihrer warmen Winterruhe (→ unten) niemals völlig austrocknen wollen. Sie sind in den Top 20 und Tabellen (→ ab Seite 42) mit dem Symbol gekennzeichnet.

SPARTIPP

>> einfach und bestechend

Beim Düngerkauf sparen

Spezieller Kakteendünger ist oft sehr teuer, dabei gibt es billigere Alternativen, die ebenfalls geeignet sind:

➤ Flüssigdünger und gut lösliche Düngesalze für Blütenpflanzen finden Sie in vielen Geschäften im Sonderangebot und Sie können diese auch auf Vorrat kaufen.

➤ Blaukorn-Dünger gibt es in einer für Sukkulenten idealen Zusammensetzung. Er ist sehr preisgünstig und lässt sich im lauwarmen Gießwasser auflösen. Nehmen Sie 1 knappen Teelöffel für 2 l Wasser.

➤ Die »Extremen« (Symbol), die während der Wachstumszeit immer wieder ganz kräftig und durchdringend gegossen werden. Vor der nächsten Wassergabe muss die Erde aber abtrocknen. Mit einem Finger können Sie das kontrollieren.

So sieht das »Gießjahr« bei Kaktus & Co aus:

➤ Im Frühjahr zum Antreiben die Wassergaben vorsichtig dosieren.

➤ Von Mai bis September bei Wärme regelmäßig gemäß den Ansprüchen gießen.

➤ Ab Mitte Oktober das Gießen langsam verringern.

➤ Im Winter während der Ruhepause die kühl überwinternden Arten nicht gießen, die mit wärmerem Standort nur ganz minimal (→ Seite 28).

Richtig düngen

Sukkulenten brauchen noch mehr als Luft, Wasser und Liebe, nämlich die Hauptnährstoffe Stickstoff, Phosphor und Kalium sowie winzige Mengen von Spurenelementen. Für Kaktus & Co soll der Anteil an Stickstoff im Dünger etwa gleich dem Gehalt an Phosphor sein. Ideal sind wasserlösliche Dünger.

Bei warmem Sommerwetter verlangen Kaktus & Co regelmäßig Wasser.

Goldene Düngeregeln

➤ Düngen Sie nicht während der Ruhezeit und sofort nach dem Umtopfen.

➤ Während der Wachstumszeit werden stark wachsende Arten etwa alle 1–2 Wochen, schwächer wachsende alle 3–4 Wochen gedüngt.

➤ Dosieren Sie den Dünger wie auf der Packung empfohlen, bei hohem Stickstoffanteil nehmen Sie weniger.

➤ Benetzen Sie mit der Düngerlösung möglichst keine Pflanzenteile. ■

CHECKLISTE

So düngen Sie richtig

✔ Düngen Sie Sukkulenten nur, wenn die Triebe wachsen, und auf keinen Fall während der Ruhezeit.

✔ Halten Sie sich an die auf der Verpackung empfohlene Dosierung, die Pflanzen nicht überdüngen!

✔ Gießen Sie Düngemittellösungen nach Möglichkeit nicht auf die Pflanze. Nötigenfalls die Tropfen mit Wasser abspülen.

✔ Warten Sie nach dem Umtopfen einige Wochen bis zum ersten Düngen. Die Pflanzen müssen erst einmal wieder einwurzeln.

Überwintern drinnen und draußen

Man muss nur die »warmen« und »kalten« Arten auseinander halten, dann ist Überwintern nicht schwer. Bei den nicht winterharten Arten von Kaktus & Co lassen sich zwei große Gruppen unterscheiden: Die einen wollen ab Oktober im Haus warm, die anderen kühl überwintert werden. Daneben gibt es noch verschiedene Arten, die tatsächlich auch draußen winterhart sind (→ Seite 20/21)

Opuntia-Arten können sogar draußen im Schnee den Winter überdauern.

und ganzjährig im Freien gehalten werden können.

Warm im Haus überwintern

Am leichtesten lassen sich drinnen jene Arten überwintern, die zur Ruhezeit hell und warm stehen wollen. In den Top 20 und den Tabellen ab Seite 42 sind sie mit dem Symbol gekennzeichnet. Ideal für sie ist ein sonniger Platz mit Temperaturen um 15 °C. Gießen Sie die Sukkulenten dort mäßig, aber regelmäßig, lassen Sie das Substrat zwischendurch aber wieder ganz abtrocknen.

➤ Typische Vertreter dieser Gruppe sind Kakteen wie das Greisenhaupt *(Cephalocereus senilis)*, der Schwiegermuttersessel *(Echinocactus grusonii)*, der Melonenkaktus (*Melocactus*-Arten), *Disocactus*-Arten und alle anderen Sukkulenten.

➤ Die baumbewohnenden Kakteen verlangen ebenfalls eine warme Überwinterung. Zu ihnen zählen *Rhipsalis*-Arten, Osterkakteen (*Hatiora*-Arten), Weihnachtskakteen (*Schlumbergera*-Hybriden) und Blattkakteen (*Epiphyllum*-Hybriden). Letztere können zur Not auch kühler überwintert werden.

Kühl im Haus überwintern

Alle oben nicht genannten Kakteen, das ist der weit überwiegende Teil, braucht einen kühlen, hellen und trockenen Standort während der Ruhezeit im Winter (Symbol). Nur dann werden sie nach Ende der Winterruhe auch wieder blühen.

➤ Die ideale Temperatur beträgt 5–12 °C. Wenn Sie solche Arten jedoch am Fensterbrett überwintern wollen, befindet sich darunter meist ein Heizkörper, der für zu hohe Temperaturen sorgt. Hier hilft aber ein bewährter Trick: Unmittelbar am Fenster ist – insbesondere wenn Sie das Fensterbrett im Winter durch eine **Styroporauflage** isolieren – die Temperatur niedriger als im Raum, so dass die gewünschte Kühle durchaus noch erreicht werden kann. Wegen der trocke-

Melocactus-Arten wollen im Haus hell und warm überwintern.

nen Heizungsluft müssen die Kakteen dann jedoch etwa alle drei bis vier Wochen leicht gegossen werden. Am besten geben Sie etwas Wasser in den Untersetzer.

➤ Ausnahmsweise auch dunkel und kühl überwintern – statt idealerweise hell – können Sie *Echinopsis-* und *Rebutia*-Arten, also notfalls sogar im Keller. Dann müssen sie aber völlig trocken gehalten werden!

Kübel überwintern

➤ Kübel mit **nicht winterharten**, draußen gezogenen Sukkulenten müssen Sie vor dem ersten Frost ins Haus holen. Lassen Sie das Substrat vorher gut austrocknen, sonst können die Pflanzen faulen. Überwintern Sie sie hell bei den für die Art idealen Temperaturen. Können Sie ihnen nur ein dunkleres Winterquartier anbieten, so müssen Sie sie kühler und völlig trocken stellen.

➤ Kübel mit **winterharten** Sukkulenten können regengeschützt im Freien überwintern. Sie müssen die Gefäße aber warm einpacken, damit die Wurzeln nicht erfrieren. Hierfür eignen sich Noppenfolie oder Sackleinen.

Im Garten überwintern

Im Freien überdauern bei uns einige Arten den Winter, die auch am heimatlichen Standort in eisigen Regionen überwintern. Dort schützt sie die meiste Zeit eine Schneedecke. Dazu kommt, dass winterharte Kakteen in der Heimat bereits ab September durch eine Trockenperiode stark schrumpfen. Ihr Saft wird dadurch so dickflüssig, dass sein Gefrierpunkt weit unter 0 °C sinkt. Diese Verhältnisse bei uns nachzuahmen, ist nicht ganz einfach.

➤ Die im Steingarten ausgepflanzten Kakteen und Sukkulenten (→ Seite 20/21) müssen möglichst schon ab September völlig trocken gehalten werden. Bauen Sie z. B. aus Holz ein luftiges Regenschutzdach. Wichtig ist, dass sich darunter auch kein Kondenswasser bildet, das Fäulnis verursachen kann.

➤ Bei einsetzendem Schneefall kann der Regenschutz abgebaut werden, weil die Kakteen unter einer Schneedecke geschützter überwintern. Dort ist die Temperatur höher als in der Luft. ■

PRAXISINFO

Beim Überwintern richtig platzieren

- ✗ Schon im Februar und März blühende Kakteen wie *Parodia chrysacanthion*, *Parodia haselbergii*, einige *Eriosyce-* und *Mammillaria-*, sowie alle *Stenocactus*-Arten sollten bei der Überwinterung die hellsten Plätze bekommen.
- ✗ Notfalls sogar völlig dunkel, aber dann absolut trocken können Sie alle *Echinopsis-* und *Rebutia*-Arten überwintern. Besser wäre jedoch eine künstliche Beleuchtung mit Leuchtstofflampen.

Gesundheit für Kaktus & Co

Die Sukkulenten sind sehr robust und werden bei richtiger Kultur wenig von Krankheiten und Schädlingen heimgesucht.
Durch gute Pflege können Sie auch einen Befall optimal vorbeugen. Dennoch ist es wichtig, Ihre Sukkulenten regelmäßig zu kontrollieren, um bei einem Befall rasch die richtigen Maßnahmen ergreifen zu können. Verwechseln Sie jedoch das normale Schrumpfen von Kakteen während der Ruhezeit nicht mit einem Krankheitsbefall.

Während der Ruhezeit ist das Schrumpfen der Kakteen ganz normal.

Tierische Schädlinge

➤ **Rote Spinnmilbe:** Sie ist der gefährlichste Schädling für Kakteen und mit bloßem Auge kaum zu sehen. Deutlich erkennbar ist aber das Schadbild: Sie befällt vor allem Triebspitzen und dort färbt sich die grüne Oberhaut grau bis hellbraun. Den Befall fördert zu trockne Luft, außerdem können sie etwa durch Zugluft von anderen Pflanzen übertragen werden.
Maßnahmen: Dagegen hilft vorbeugend regelmäßiges Besprühen der Pflanzen und bei Befall ein spezielles Milbenmittel aus dem Fachgeschäft.

➤ **Wollläuse:** Ihre Angriffspunkte sind der Scheitel und der Wurzelhals. Dort finden sich ihre weißen, bis 3 mm großen Wollkokons. Die Laus selbst ist weißlich bis rosa gefärbt und sieht wie eine kleine Kellerassel aus. Sie kann sich durch Wanderung schnell ausbreiten. Erste Anzeichen sind kleine, klebrige Kügelchen von Läusesekret an Oberhaut und Dornen, darauf kann sich schwarzer Rußtaupilz bilden.
Maßnahmen: Versuchen Sie, die Tiere mit Holz- oder Wattestäbchen zu entfernen. Bei starkem Wurzelhalsbefall muss der Kaktus ausgetopft und mit einer Bürste gründlich gereinigt werden.

Unter den weißen Wollkokons zwischen den Rippen sitzen Wollläuse.

➤ **Blattläuse:** Grüne Blattläuse befallen Sukkulenten nur selten, weil ihnen die Oberhaut zu hart ist. Gelegentlich sind sie an frischen zarten Knospen zu finden.
Maßnahmen: Mechanisches Entfernen durch Abstreifen

genügt meist, um die ungebetenen Gäste fern zu halten.

➤ **Schildläuse:** Ein Befall ist leicht zu entdecken, denn sie sitzen unter einer braunen, ovalen Schildkappe von etwa 1 bis 3 mm Größe.
Maßnahmen: Mechanisches Entfernen genügt in den meisten Fällen. Sie sind auch mit ölhaltigen Spritzmitteln zu bekämpfen.

➤ **Wurzelläuse:** Ein Befall zeigt sich zuerst durch fehlendes Wachstum, Rotfärbung und Schrumpfung. Beim Austopfen der Pflanze erkennen Sie an Substrat, und Wurzeln weiße, pulvrige Nester.
Maßnahmen: Entfernen Sie das Substrat und streifen Sie die Läuse von den Wurzeln ab. Dann verfahren Sie wie beim Umtopfen (→ Seite 24).

Wichtige Krankheiten

➤ **Trockenfäule:** Sie ist die wichtigste Pilzkrankheit und die Pflanze kann nur bei frühzeitigem Erkennen noch gerettet werden. Die Fäulnis geht meist vom Wurzelhals aus und schreitet zur Triebspitze nach oben fort.
Maßnahmen: Die Fäulniszone muss restlos bis in gesundes Gewebe ausgeschnitten, häufig der ganze Kaktus abgeschnitten und der gesunde Teil als Steckling neu bewurzelt werden. Bestäuben Sie die Schnittstelle des Stecklings mit Holzkohlenpulver.

➤ **Wurzelfäule:** Sie kann mehrere Ursachen haben, meist liegt jedoch ein Pilzbefall vor. Die Pflanze treibt nicht und kann leicht aus dem Substrat gezogen werden.
Maßnahmen: Entfernen Sie die verfaulten Wurzeln, und topfen Sie mit frischem Substrat in ein sauberes Gefäß. ■

Die Schäden der Roten Spinnmilbe sind an der Oberhaut erkennbar.

CHECKLISTE

So fördern Sie die Pflanzengesundheit:

✔ Halten Sie bei der Pflege die Wachstums- und Ruhezeiten genau ein.

✔ Härten Sie die Pflanzen durch viel frische Luft ab.

✔ Achten Sie immer auf die Hygiene, vor allem auch bei Gefäßen, Substrat sowie Werkzeugen.

✔ Beobachten Sie Ihre Sukkulenten sorgfältig, und ergreifen Sie sofort Gegenmaßnahmen, sobald sich die ersten Anzeichen von Schädlingen oder Krankheiten zeigen.

Pflanze dir einen Mini-Garten

Das Pflanzen wird dir Spaß machen und du kannst dabei entdecken, wie faszinierend Kaktus & Co sind! Aber vielleicht hast du wegen der Dornen ziemlichen Respekt vor diesen Pflanzen? Keine Angst, mit einer Greifzange aus Holz kannst du sie ganz unbeschadet anpacken! Außerdem gibt es sogar Kaktus-Arten, die keine gefährlichen Dornen haben, wie die Blattkakteen und auch garantiert »pieksfreie« andere Sukkulenten (→ Seite 9). Besonders schön wird deine Schale werden, wenn du kleine Kakteen und andere Sukkulenten in vielen unterschiedlichen Formen und Farben wählst. Auf dem Bild siehst du *Eriosyce-*, *Mammillaria-* und *Rebutia-*Arten, *Ferocactus glaucescens* und *Echeveria laui*. Decke zuerst die Wasserabzugslöcher der Schale mit Steinen ab und fülle dann etwa zur Hälfte Kakteenerde ein. Ziehe nun mit der Holzzange nach und nach die Mini-Kakteen aus ihren Töpfen und setze sie schön verteilt in die Schale. Fülle bis etwa 1 cm unter dem Schalenrand Kakteenerde nach und streue dann eine Schicht Zierkies darüber. Nun dekoriere die Schale noch mit Glasmurmeln und stelle sie an ein helles Fenster. Nun kannst du jeden Tag beobachten, was deine Kakteen machen. Vielleicht bilden sich bald einige Blütenknospen?

PRAXISINFO

Mini-Garten pflanzen

Zeitbedarf:
Bepflanzen: ca. 1/2 Std.
Dekorieren: ca. 10 Min.

Material:
- 8–10 Mini-Kakteen mit unterschiedlichem Wuchs und in verschiedenen Farben in etwa 4 cm hohen Töpfen
- 1 schöne Schale aus Ton oder Terrakotta mit mehreren Wasserabzugslöchern im Boden, etwa 5 cm hohem Rand, etwa 30 cm breit und 20 cm tief
- 1 kleiner Sack Kakteenerde
- für jedes Wasserabzugsloch ein Stein zum Abdecken
- mindestens 1 Packung bunter Zierkies oder besser 2 Packungen mit Kies in verschiedenen Farben
- 1 Dutzend Glasmurmeln

Werkzeug:
- 1 Greifzange

Pflanzen einsetzen

1

Ziehe die Kakteen mit der Zange aus dem Topf und setze sie schön verteilt in die vorbereitete Schale. Erde rundherum gut andrücken.

2

Kies einfüllen

Fülle nun die Erde bis knapp unter den Schalenrand auf und drücke sie fest. Jetzt kannst du ein bis zwei Sorten Zierkies darüber streuen.

Murmeln auflegen

3

Auf den Zierkies kommen nun die blitzenden Glasmurmeln. Lege sie dekorativ verteilt zwischen die Kakteen.

Säen und pikieren

Kaktus & Co selbst aus Samen heranzuziehen, ist ganz leicht und es geht auch überraschend schnell.
Sie werden fasziniert sein, wie sich schon wenige Tage nach der Aussaat die Keimlinge bilden und dann zu kleinen Sukkulenten heranwachsen!

Die Blüten von Kaktus & Co können Sie mit dem Pinsel bestäuben.

Samen von Kakteen und anderen Sukkulenten erhalten Sie in gut sortierten Fachgeschäften. Oft enthalten die Tütchen eine Mischung von Arten. Raritäten beziehen Sie besser bei spezialisierten Gärtnereien oder der Deutschen Kakteengesellschaft (Adresse → Seite 61).
Wenn Sie zwei blühende Pflanzen einer Art haben, so können Sie auch selbst Samen ziehen: Übertragen Sie mit einem Pinsel den Blütenstaub der einen Pflanze auf die Narbe der anderen. Nach der Befruchtung bilden sich in einer Fruchtkapsel Samen, die im Herbst meist schon aussaatfähig sind.

Durch Samen vermehren

➤ Die günstigste Aussaatzeit ist von Februar bis April.
➤ Für eine gute Keimung muss die Temperatur mindestens 22 °C betragen. Als Standort für die Aussaat empfiehlt sich deshalb eine warme Fensterbank oder Sie erwerben ein heizbares Mini-Treibhaus. Wenn Sie kein solches haben, decken Sie die Aussaatgefäße durch eine Glasscheibe oder ein Vlies ab. Wenn Sie mehrere Arten aussäen, markieren Sie die Saat besser mit Etiketten.
➤ Sie brauchen auch Aussaatschalen oder Töpfe. Bei geringen Samenmengen nimmt man Vierkant-Plastiktöpfe (Größe 5 oder 6). Die Gefäße werden in eine wasserdichte Schale gestellt, in die zur Bewässerung etwas Wasser gefüllt wird, da beim Gießen die feinen Samen leicht verschwemmt werden.
➤ Als Substrat empfiehlt sich eine Mischung aus Aussaaterde und grobem Quarzsand.
➤ Behandeln Sie die Samen vor der Aussaat möglichst mit einem Beizmittel aus dem Fachhandel gegen Pilze.
➤ Zur Aussaat füllen Sie die Gefäße mit dem Substrat. Streuen Sie nun die Samen gut verteilt auf das Substrat, und drücken Sie sie an. Feine Samen werden nicht mit Erde abgedeckt, bei größeren hingegen kommt eine dünne Substratschicht darüber. Nun stellen Sie die Aussaatgefäße in die wasserdichte Schale und gießen etwa 1 cm hoch warmes, möglichst kalkarmes Wasser hinein. Stellen Sie sie an einen hellen, warmen Platz oder ins Mini-Treibhaus.

1 Aussäen

Füllen Sie die Gefäße mit Substrat, streuen Sie die Samen gut verteilt darüber, und drücken Sie sie an.

2 Pikieren

Lockern Sie mit einem Hölzchen das Substrat, und ziehen Sie die Sämlinge vorsichtig heraus.

3 Einpflanzen

Stecken Sie die Wurzeln bis zum Hals ins Substrat, und drücken Sie es fest.

Pflege der Keimlinge

Während der ersten zwei bis drei Wochen muss das Substrat immer feucht gehalten werden. Innerhalb von zwei bis zehn Tagen erscheinen die teils bunt gefärbten Keimlinge, bei einigen wenigen Arten wie den Opuntien dauert es etwas länger. Nun brauchen die Pflänzchen viel Licht und frische Luft, das Substrat jedoch muss noch warm gehalten werden. Gut ist es, wenn die Oberfläche jetzt kurzzeitig abtrocknet.

Sämlinge pikieren

Nach einigen Wochen wachsen die immer größer werdenden Sämlinge allmählich zu dicht. Dann wird es Zeit fürs Vereinzeln, das der Fachmann Pikieren nennt.

➤ **Als Gefäße** fürs Pikieren empfehlen sich kleine Schalen.

➤ **Vor dem Pikieren** decken Sie die Wasserabzugslöcher der Schale mit Steinchen ab und füllen die Schale mit frischer feinkörniger, leicht feuchter Pikiererde bis kurz unter den Rand auf.

➤ **Lockern** Sie nun das Substrat im Aussaattopf. Am besten stechen Sie mit einem Pinselstiel oder Pikierstab an der Topfkante hinein, damit Sie die Sämlinge ohne Verletzungen herausziehen können.

➤ **Bohren** Sie nun zuerst in das Pikiersubstrat ein Loch (Pflanzabstand etwa die Breite eines Kaktuskörpers), stecken Sie dann die Wurzeln des Sämlings bis zum Hals hinein, und drücken Sie ihn fest. Stellen Sie die fertige Schale an einen hellen, warmen Platz. Gießen Sie die frisch pikierten Sämlinge erst nach einer Woche vorsichtig an. ■

PRAXISINFO

Säen und Pikieren

Zeitbedarf:
Aussäen: 10–15 Min. pro Schale
Pikieren: 20–30 Min. pro Schale

Material:
- ✗ Vierkant-Plastiktöpfe (Größe 5 oder 6)
- ✗ wasserdichte Schale
- ✗ Saatgut und Beizmittel
- ✗ Aussaat- und Pikiererde
- ✗ Etiketten
- ✗ Glasscheibe oder Vlies
- ✗ Pikiertöpfe oder -schale

Werkzeug:
- ✗ Gießkanne mit feiner Brause
- ✗ Pinsel oder Pikierholz

Vermehren durch Stecklinge

Durch die Vermehrung mit Stecklingen erhalten Sie besonders schnell große, blühfähige Sukkulenten. Die Vermehrung mit abgetrennten Pflanzenteilen wie Sprossen, Blättern und

Säulenförmig wachsende Kakteen-Arten vermehrt man mit Kopfstecklingen.

Triebspitzen nennt man auch vegetativ. Die Stecklinge bilden Wurzeln und wachsen zu Pflanzen heran, die mit ihrer so genannten »Mutterpflanze« vollkommen identisch sind.

Sprosse und Kindel

Alle Kakteen und viele andere Sukkulenten bilden mehr oder weniger gut und schnell Seitensprosse, doch einige tun es nur, wenn man sie durch einen Trick dazu zwingt.

➤ **Sprossung fördern:** Soll eine naturgemäß nicht freiwillig sprossende Art vermehrt werden, so wird sie (an optisch günstiger Stelle) abgeschnitten und dieses Kopfstück zur Vermehrung oder zum Propfen (→ Seite 38) verwendet. Das Unterteil wird nun Sprosse bilden müssen, wenn es weiterwachsen will. So können Sie aus einer Pflanze sogar mehrere Stecklinge gewinnen.

➤ **Zeitpunkt:** Am besten bewurzeln sich die Sprosse zur warmen Jahreszeit von März bis Anfang September.

➤ **Sprosse abtrennen:** Schneiden Sie mit einem sauberen Messer, einer Rasierklinge oder einer kleinen Schere den Spross an der Basis vorsichtig ab. Bei alten Kakteen sollten Stecklinge von jungen Trieben abgenommen werden, weil die sich noch leichter bewurzeln. Sie können die Wundstelle des Sprosses mit Wurzelhormonpuder oder Holzkohle bestäuben. Es genügt aber auch, sie gut abtrocknen zu lassen. Dann wird der Steckling in frisches Substrat gesteckt.

➤ **Kindel und Ausläufer:** Viele Sukkulenten treiben an ihrer Basis junge Triebe – Kindel genannt – oder Ausläufer, die leicht abgetrennt und wie die Sprosse zur Vermehrung in Anzuchterde gesteckt werden können.

Blattstecklinge schneiden

Blattsukkulenten lassen sich durch Blätter vermehren.

➤ Trennen Sie ausgereifte, gesunde Blätter an der Basis ab.

➤ Diese werden gleich schräg in eine Schale mit frischem Substrat gesteckt.

➤ An einem hellen und etwa 20 °C warmen Ort werden bald Wurzeln wachsen.

➤ Einige *Kalanchoe*-Arten bilden an ihren Blättern kleine Brutpflanzen, die Sie auch zur Vermehrung verwenden können. Trennen Sie

sie ab, und topfen Sie sie in frische Kakteenerde.

Triebstecklinge gewinnen

Stammsukkulenten können Sie durch Triebköpfe oder Seitensprosse vermehren.

➤ Schneiden Sie die Stecklinge mit einem scharfen Messer ab. Meist sind Verengungen vorhanden, die sich zum Schnitt anbieten. Setzen Sie den Schnitt bei alten Pflanzen im jüngeren Gewebe (also weiter zur Triebspitze hin) an, dann geht die Bewurzelung schneller vor sich. Bei Wolfsmilchgewächsen tritt an den Schnittstellen Milchsaft aus. Tauchen Sie die Wunde in warmes Wasser, damit der Saft abgespült wird.

➤ Dicke Stecklinge bewurzeln sich leichter, wenn Sie sie zum Zentrum hin konisch abkanten.

➤ Lassen Sie die Schnittstellen ein bis zwei Tage gut abtrocknen.

➤ Bei dicken Pflanzen und Kakteen ist es ratsam, Stecklinge mit der abgetrockneten Schnittstelle nach unten luftig auf einen leeren Topf zu setzen. So können Sie ohne Fäulnisgefahr Wurzeln bilden. Lassen Sie sie an einem warmen, hellen Platz stehen. Vorsicht vor praller Sonne! Leichtes Besprühen morgens oder abends tut ihnen gut.

Viele Blattsukkulenten lassen sich mit Blattstecklingen vermehren.

➤ Nach einigen Wochen werden sich an den Schnittstellen die ersten Wurzelspitzen zeigen. Dann topfen Sie die Stecklinge in leicht feuchtes Substrat. Sie werden nun sehr schnell anwachsen.

➤ Gewöhnen Sie sie langsam an die volle Sonne, und pflegen Sie sie gemäß den Ansprüchen der Art weiter. ■

PRAXISINFO

Vegetativ vermehren: die Vorteile

- ✗ Die jungen Pflanzen sind identisch mit ihrer Mutterpflanze und haben die gleichen guten Eigenschaften. Besonders schöne oder blühfreudige Exemplare können so vermehrt werden.
- ✗ Alte und unansehnlich gewordene Pflanzen werden so wieder verjüngt.
- ✗ Zu hoch gewachsene Pflanzen können wieder auf ein schönes Maß gebracht werden.
- ✗ Schwer erkrankte Pflanzen sind dadurch oft noch einmal zu »retten«.

Kakteen pfropfen

Durch Pfropfen von Kakteen können Sie ganz neue und verblüffende Pflanzenkombinationen kreieren.

Bei den gepfropften Pflanzen versorgt der untere Teil, die so genannte Unterlage, den zu einer anderen Art gehörenden Oberteil, der hier auch

Unterlage und Pfröpfling sind nach der Pfropfung gut verwachsen.

Pfröpfling genannt wird. Man pfropft Kakteen aus sehr unterschiedlichen Gründen:

➤ Auf eigener Wurzel nicht lebensfähige Kakteen – wie solche ohne Blattgrün (z. B. *Gymnocalycium mihanovichii* 'Hibotan' oder der Bananenkaktus *Echinopsis chamaecereus*) – können nur mit Hilfe einer Unterlage gedeihen.

➤ Durch Pfropfung ist man in der Lage, sehr erstaunliche Kombinationen zu schaffen, z. B. ein Weihnachtskaktusbäumchen.

➤ Gepfropfte Sämlinge wachsen viel schneller.

Auswahl und Zeitpunkt

➤ **Die Unterlage:** Die Auswahl der richtigen Unterlage ist für den Erfolg ganz entscheidend. Bewährt haben sich *Harrisia jusbertii, Echinopsis-, Hylocereus, Myrtillocactus-* und *Pereskia*-Arten, Letztere insbesondere für die Sämlingspfropfung.

➤ **Die Kombination:** Unterlage und Pfröpfling müssen ähnliche Ansprüche an die Kultur stellen. Für alle kühl überwinternden Kakteen eignen sich zum Beispiel als Unterlage *Echinopsis-* oder *Opuntia*-Arten. Für alle Kakteen, die wärmere und etwas feuchtere Überwinterung wollen, sind *Eriocereus jusbertii* oder *Hylocereus*-Arten zu empfehlen. Die Wärme liebenden Weihnachtskakteen werden auf *Selenicereus*-Arten gepfropft.

➤ **Die Jahreszeit:** Die Pfropfunterlage sollte im Trieb sein, deshalb ist die beste Pfropfsaison von April bis September.

Richtig pfropfen

Wenn Sie folgende Regeln bei der Pfropfung einhalten, wird sie garantiert klappen:

>> einfach und bestechend

SPARTIPP

Vermehren mit Pfiff

➤ Wenn Sie von einem Kaktus das Oberteil für eine Pfropfung abgeschnitten haben, kultivieren Sie das Unterteil weiter, bis es Sprossen zur Vermehrung bildet.

➤ Bei der Pfropfunterlage muss das Oberteil mit der Triebspitze abgeschnitten werden, das dann ebenfalls als Steckling geeignet ist.

1 Unterlage zuschneiden

Schneiden Sie von der Unterlage mit waagrechtem Schnitt ein Stück ab. Im Zentrum ist das Leitbündel zu erkennen.

2 Pfröpfling schneiden

Von der Pflanze, die auf die Unterlage gepfropft werden soll, wird ebenfalls eine Triebspitze abgeschnitten.

3 Pfröpfling aufsetzen

Der Pfröpfling wird so auf die Unterlage gesetzt, dass sich die Leitbündel berühren, und beides dann fixiert.

➤ Verwenden Sie ein sauberes, scharfes Messer oder eine Rasierklinge. Schneiden Sie die Pfropfunterlage und den Pfröpfling im oberen Bereich ab, wo das Gewebe noch nicht zu alt ist. Sind beide Pflanzen schon etwas breiter, kanten Sie die Schnittstellen ringsum etwas ab. So haften sie auch nach dem Abtrocknen der Wundflächen gut zusammen.

➤ Die Schnittflächen sollten glatt und ganz frisch sein, nötigenfalls noch einmal nachschneiden.

➤ Die deutlich auf den Schnittflächen erkennbaren Leitbündelringe von Unterlage und Pfröpfling müssen sich unbedingt berühren. Sind sie unterschiedlich groß, wird der Pfröpfling so aufgesetzt, dass sich Überschneidungen oder Berührungspunkte der beiden Ringe ergeben. Nur so wachsen sie zusammen.

➤ Empfehlenswert ist es dann, beide Pflanzenteile z. B. mit einem Gummiring zu fixieren. Oder Sie basteln aus einem in die Erde gesteckten Stab mit aufgestecktem Etikett eine Halterung.

➤ Stellen Sie die gepfropfte Pflanze an einen hellen und warmen Ort ohne pralle Sonne und halten Sie das Substrat leicht feucht. Beginnt der Pfröpfling zu treiben, kann die Haltevorrichtung entfernt werden. ■

PRAXISINFO

Kakteen pfropfen

Zeitbedarf:
ca. 20 Min. pro Pfropfung

Material:
- Exemplar einer als Unterlage geeigneten Kaktus-Art, die sich gut im Trieb befindet und in einem Topf gut eingewurzelt ist
- Kaktuspflanze mit ähnlichen Standortansprüchen, von der der Pfröpfling geschnitten wird

Werkzeug:
- sauberes, scharfes Messer
- alternativ eine frische, scharfe Rasierklinge
- Gummiring oder eine andere Haltevorrichtung zum Fixieren

Pflanzenporträts

Blattkakteen und Opuntien	Seite 42–43
Säulen und Gruppen	Seite 44–45
Kugelförmige Kakteen	Seite 46–47
Andere Sukkulenten	Seite 48–49
Pflanzentabellen	Seite 50–55

Blattkakteen und Opuntien

Die meisten Blattkakteen sitzen am Naturstandort in den Astgabeln von Urwaldbäumen, man nennt sie deshalb auch Epiphyten (Aufsitzerpflanzen). Sie kommen mit vergleichsweise wenig Licht aus, weil sie an den Schatten der Baumkronen gewöhnt sind. Arten aus warmen Urwäldern wie *Disocactus* und *Epiphyllum* sind relativ wärmebedürftig, Arten aus Hochgebirgsregionen wie Oster- und Weihnachtskaktus vertragen kühlere Temperaturen. Die meisten der jetzt bei uns im Handel angebotenen Pflanzen sind Kreuzungen mit sehr großen und intensiv gefärbten Blüten.
Im Gegensatz zu den Blattkakteen stammen Opuntien aus den Wüstenregionen Amerikas. Inzwischen haben sie sich im Mittelmeerraum, Afrika, Asien und Australien verbreitet. Sie sind nicht nur schön, sondern ihre Früchte auch essbar. Dazu sind einige Arten bei uns winterhart.

Disocactus

Disocactus phyllanthoides

Größe: Triebe bis 40 cm lang
Blütezeit: Frühj. bis Sommer
für Ampeln geeignet

➤ **früh und reich blühend**

Heimat: Mexiko
Blüten: weißlichrosa bis hellrosenrot, bis 10 cm ∅
Wuchs: buschig
Dornen: winzig und glasig, sie sitzen in den Blattkanten
Pflege: im Sommer vor Regen geschützt unter einem Baum oder halbschattig auf der Terrasse ziehen; zu viel Nässe vermeiden, besonders an kühlen Tagen; im Winter bei ca. 15 °C halten und nicht ganz austrocknen lassen; bekommt bei zu kalter und nasser Kultur braune Flecken

Blattkaktus

Epiphyllum-Hybride

Größe: Trieb 30–150 cm lang
Blütezeit: Frühj. bis Sommer
für Ampeln geeignet

➤ **viele Blütenfarben** ✿

Heimat: Mittelamerika
Blüten: alle Farben und Farbmischungen außer Blau, 8 bis 15 cm ∅
Wuchs: buschig
Dornen: nadelig, meist glasig, sitzen auf den Blattkanten
Pflege: im Sommer im Freien unter einem lichten Baum, auf der Terrasse oder Balkon ziehen; an kühlen Tagen weniger gießen; im Winter bei 10–16 °C halten und gelegentlich gießen, nicht ganz austrocknen lassen; gut über Stecklinge zu vermehren

✿ pflegeleicht vollsonnig hell halbschattig

Osterkaktus

Hatiora gaertneri

Größe: Busch bis 30 cm ∅
Blütezeit: Frühjahr
für Ampeln geeignet

➤ **blüht um Ostern**

Heimat: Brasilien
Blüten: scharlachrot, auch dunkelrosa Hybriden, bis 4,5 cm ∅
Wuchs: kleiner Busch
Dornen: borstenfein, bis 15 mm lang, gelbbraun, sitzen an den Blattkanten
Pflege: braucht humusreiches Substrat; im Sommer halbschattig bis sonnig im Freien halten; gut gießen und düngen in der Wachstumszeit; im Winter nicht unter 15 °C ziehen, leicht feucht halten, nicht schrumpfen lassen

Weihnachtskaktus

Schlumbergera-Hybride

Größe: Busch bis 1 m ∅
Blütezeit: Herbst bis Frühj.
für Ampeln gut geeignet

➤ **blüht um Weihnachten**

Heimat: Brasilien
Blüten: weiß, rosa, lila, rot und gelb, ca. 6 cm lang
Wuchs: buschig
Dornen: fein und glasig-gelblich, sitzen an der Blattkante
Pflege: im Sommer im Freien unter einem Baum oder halbschattig auf der Terrasse ziehen; Ende September in die Wohnung an einen hellen Platz stellen; nicht düngen während der Blütezeit; überwintern bei Zimmertemperatur, gelegentlich gießen; gut über Stecklinge vermehrbar

Feigenkaktus

Opuntia ficus-indica

Größe: 1 bis 5 m hoch
Blütezeit: Sommer
für Kübel oder Garten

➤ **Früchte essbar**

Heimat: Mexiko
Blüten: rot oder gelb, gelb mit roter Mitte, bis 8 cm ∅
Wuchs: strauchartig
Dornen: nur wenige; Hauptdornen mit Widerhaken und kleinen Nebendornen
Pflege: im Sommer vollsonnig im Freien oder auf der Terrasse kultivieren; dort gut gießen und düngen, Substrat jedoch nach jedem vollen Guss wieder austrocknen lassen; Überwinterung drinnen kühl bei ca. 5 °C, im Freien kalt und völlig trocken

Säulen und Gruppen

Säulen- und kandelaberförmige Kakteen verkörpern für uns die Wüstenvegetation schlechthin. In nördlichen Breiten kultiviert, wachsen sie jedoch bei weitem nicht so üppig. Unverzweigte Säulen bilden *Echinocereus fitchii*, *Oreocereus pseudofossulatus* und *Thelocactus bicolor*, nur im hohen Alter entwickeln sie manchmal einen Seitenspross. Sie kommen aus recht unterschiedlichen Regionen, *Oreocereus* aus den kalten und stürmischen Hoch-Anden, *Echinocereus* und *Thelocactus* aus den heißen, im Winter aber auch recht kalten Bergregionen Mexikos. Die beiden anderen *Echinocereus*-Arten sprossen dagegen alle freudig und bilden mit ihren kurzsäuligen, dünnen bis klobigen Körpern kleine, im Alter aber auch bis zu einem Quadratmeter große Gruppen aus. Diese Arten sollten Sie in geräumige Schalen pflanzen, damit sie genügend Platz für ihre Entwicklung haben. Sie blühen zuverlässig.

Echinocereus

Echinocereus fitchii

Größe: 5 cm ∅, 10 cm lang
Blütezeit: Frühj. bis Sommer
für Töpfe, später Schalen

➤ **bunte Dornen**

Heimat: Texas
Blüten: rosa bis purpur, bis 7 cm ∅
Wuchs: kurzsäulig, meist solitär wachsend
Dornen: 1 cm lang, am Körper kammförmig anliegend, bunt von weiß, gelbbraun bis leuchtend rot und weinrot, oft ringförmig verschieden gefärbt
Pflege: im Sommer unter Glas oder auch im Freien bei voller Sonne, aber vor Regen geschützt; überwintern bei 5–10 °C, nur ganz wenig gießen oder ganz trocken halten

Greisenhaupt

Oreocereus pseudofossulatus

Größe: bis 8 cm ∅, 2 m lang
Blütezeit: Frühj. bis Sommer
für schwere Töpfe

➤ **dekoratives Haarkleid**

Heimat: Anden
Blüten: mattrosa, rot bis weinrot, bis 10 cm lang
Wuchs: solitäre Säulen, später vom Grunde her sprossend
Dornen: vier kreuzartig stehende Mitteldornen bis 4 cm lang, hornfarbig bis leuchtend braunrot, dazu kommt ein dichtes weißes Haarkleid
Pflege: will viel frische Luft, am besten im Sommer im Freien bei voller Sonne, aber vor Regen etwas geschützt kultivieren; kühl und trocken überwintern bei 8–12 °C

✿ pflegeleicht · vollsonnig · hell · halbschattig

Thelocactus
Thelocactus bicolor

Größe: bis 10 cm ∅, 20 cm lang
Blütezeit: Frühj. bis Sommer
fürs Fensterbrett

➤ **dekorative Dornen**

Heimat: Mexiko
Blüten: tief purpurrosa mit leuchtendem roten Schlund
Wuchs: solitär wachsende Säulen, später gelegentlich sprossend
Dornen: intensiv gelb und rot gescheckt, viele Rand- und meist vier Mitteldornen, 3–5 cm lang
Pflege: im Sommer im Freien bei voller Sonne, aber vor Regen geschützt kultivieren; überwintern kühl und trocken bei 8–12 °C oder etwas wärmer bei mäßigem Gießen

Echinocereus
Echinocereus ochoterrane

Größe: 15 cm lang, 6–8 cm ∅
Blütezeit: Frühj. bis Sommer
für kleine Schalen

➤ **grüne Stempel**

Heimat: Mexiko
Blüten: gelb, etwa 9 cm ∅
Wuchs: in der Jugend solitär und kugelförmig, im Alter stumpfsäulig und kleine Gruppen bildend
Dornen: bis 4 mm lang, gelblich bis schwärzlich oder weiß mit dunkler Spitze
Pflege: im Sommer im Freien bei voller Sonne bis leicht schattig, aber vor Regen geschützt halten; überwintern kühl und fast trocken bei 8–12 °C oder etwas wärmer und mäßig feucht

Echinocereus
Echinocereus salm-dyckianus

Größe: bis 15 cm lang, 2 cm ∅
Blütezeit: Frühjahr
für kleine Schalen

➤ **haltbare Blüten**

Heimat: Mexiko
Blüten: möhrenfarbig rot, bis 10 cm lang und 6 cm ∅, öffnen sich spätnachmittags und oft auch nachts
Wuchs: kleine Gruppen bildend, Triebe wachsen teils liegend und wieder aufgerichtet
Dornen: in Büscheln, bis 1 cm lang, blass gelblich-weiß
Pflege: im Sommer im Freien bei voller Sonne bis leicht schattig, aber vor Regen geschützt halten; im Winter bei 5–10 °C nur ganz wenig gießen oder trocken halten

gut gießen mäßig gießen warm überwintern kühl überwintern

Kugelförmige Kakteen

Die meisten Arten behalten ihr kugeliges, an Igel erinnerndes Aussehen nur für die Jugendzeit, die bei uns in Kultur jedoch viele Jahre währen kann. Im Alter wachsen sie meist zu kurzen und dicken Säulen heran. So erreicht z. B. *Echinocactus grusonii*, der Goldkugelkaktus oder auch oft scherzhaft als Schwiegermuttersessel betitelt, im hohen Alter von 200 Jahren die stattliche Größe von etwa 2,5 m Höhe und bis zu 1 m Durchmesser! Bei der so genannten Bischofsmütze bleiben die unbedornten Formen auch im Alter kugelig, während die meisten bedornten Arten relativ schnell in einen kurzsäuligen Wuchs übergehen. *Gymnocalycium*-Arten bleiben vorwiegend kugelförmig. Zu *Eriosyce* wiederum sind mittlerweile viele andere Gattungen gekommen, die zunächst flachkugelig bis kugelig und meist im fortgeschrittenen Alter kurzsäulig wachsen.

Bischofsmütze

Astrophytum capricorne

Größe: 35 cm hoch, 15 cm ∅
Blütezeit: Frühj. bis Sommer
auch für Schalen

➤ **dekorative Form**

Heimat: Mexiko
Blüten: leuchtend gelb mit kräftig rotem Schlund, bis 7 cm groß
Wuchs: solitär wachsend, lange kugelförmig und im Alter stumpfsäulig, sprosst nur bei Verletzung, Körper in der Regel 8-rippig
Dornen: in Büscheln von bis zu 20, fast rund, weich, gewunden, braunrot bis -schwarz, den Körper voll einhüllend
Pflege: liebt im Sommer viel Wärme; Überwinterung kühl und trocken bei 5–10 °C

Igelkaktus

Echinocactus horizonthalonius

Größe: bis 25 cm Höhe und ∅
Blütezeit: Sommer
auch für kleine Schalen

➤ **eine blau bereifte Rarität**

Heimat: Mexiko und USA
Blüten: blass- bis rosenrot, bis 7 cm ∅, seidig glänzend
Wuchs: solitär flachkugelig bis kugelig wachsend, bleibt auch noch im Alter kugelig
Dornen: Büschel von 6–9, bis 4 cm lang, rund bis abgeflacht, geringelt und oft krallig gebogen, bernsteinfarben
Pflege: liebt viel Wärme; Kultur am besten hinter Glas; vorsichtig gießen und düngen, Staunässe unbedingt vermeiden; Überwinterung kühl und trocken bei 5–10 °C

✿ pflegeleicht   vollsonnig   hell   halbschattig

Eriosyce
Eriosyce senilis

Größe: bis 20 cm breit
Blütezeit: Winter bis Frühj.
für Töpfe und Schalen

➤ **bunter Frühjahrsbote**

Heimat: Anden von Chile
Blüten: bis 5 cm lang, innen weiß bis strohgelb, nach außen hin rot oder kräftig rosa
Wuchs: solitär kugelig bis leicht gestreckt wachsend
Dornen: borstenartig, weich, wirr und dicht verflochten, weiß, gelb, braun bis schwarz
Pflege: liebt im Sommer Wärme und viel frische Luft; Überwinterung kühl und fast trocken bei 6–12 °C; das Wachstum beginnt bereits im zeitigen Frühjahr; im Sommer Ruhezeit einhalten

Gymnocalycium
Gymnocalycium baldianum

Größe: bis 7 cm ∅, 6 cm hoch
Blütezeit: Frühj. bis Sommer
für kleine Töpfe

➤ **dankbare Blüher** ✿

Heimat: Argentinien
Blüten: hellrot, bis 4,5 cm hoch und 6 cm ∅, breitglockig, sitzen in Scheitelnähe (Abbildung zeigt gefüllte Hybride)
Wuchs: flachkugelig, sprosst in der Regel
Dornen: meist 7 Randdornen, etwa 2 cm lang, zum Körper gebogen, rosa bis hellgrau
Pflege: hell und luftig im Sommer, aber vor praller Sonne schützen, bei Wärme reichlich gießen und düngen; Überwinterung kühl und fast trocken bei 8–12 °C

Warzenkaktus
Mammillaria guelzowiana

Größe: 7 cm hoch und breit
Blütezeit: Frühj. bis Sommer
für kleine Töpfe

➤ **ziemlich großblütig**

Heimat: Mexiko
Blüten: bis 5 cm lang und 6 cm ∅, purpurrot, langlebig
Wuchs: flachkugelig bis im Alter kugelig
Dornen: zahlreiche weiße Randdornen, bis 1,5 cm lang, Mitteldorn kürzer, starr und hakenförmig, gelblich bis rötlichbraun
Pflege: wasserdurchlässiges Substrat wählen, im Sommer sonnig und luftig aufstellen, beim Gießen Pflanze nicht benetzen; Überwinterung kühl, trocken und luftig bei 8–12 °C

Andere Sukkulenten

Vielleicht denken Sie beim Stichwort Sukkulenten an die dickbäuchigen Flaschenbäume Afrikas? Es gibt aber auch weitaus kleinere, für unsere Wohnungen geeignete Arten mit Wasser speichernden Organen. Dazu gehört die Wüstenrose mit ihrem rübenartigen Stamm, aus dem viele kleine Bäumchen wachsen. Andere Sukkulenten haben dicke Blätter und bilden oft schöne Rosetten. In dieser Gruppe kommen im Gegensatz zu den Kakteen auch giftige Arten vor. Insbesondere sind es hier die Euphorbien mit ihrem Milchsaft, der ätzend bis sehr giftig sein kann. Auch bei *Senecio* gibt es giftige Arten. In der Gruppe der Sukkulenten finden sich dazu sehr ausgefallene und vielgestaltige Blütenformen. Besonders auffallend sind die des Ordenssterns. Die fleischfarbenen Blüten verströmen einen etwas penetranten Geruch, um Aasfliegen für die Bestäubung anzulocken.

Wüstenrose

Adenium obesum

Größe: im Alter bis 2 m
Blütezeit: Frühj. bis Sommer
für Schalen

➤ **schön fürs Fensterbrett**

Heimat: Afrika und Arabien
Blüten: rosa bis rot, in Blütenständen, etwa 3 cm ∅
Wuchs: baumförmiger Stamm mit dünnen, sich verzweigenden Trieben, wächst langsam
Blätter: oval, glänzend dunkelgrün, 3–10 cm lang
Pflege: wasserdurchlässiges, humushaltiges Substrat, kann im Sommer an einer warmen Stelle auf Balkon oder Terrasse stehen; Überwinterung über 12 °C bei gelegentlichem Gießen, lässt bei Trockenheit die Blätter fallen

Echeverie

Echeveria laui

Größe: Rosette bis 16 cm ∅
Blütezeit: Frühjahr
gut geeignet für Schalen

➤ **himmelblaue Rosetten** ✿

Heimat: Mexiko
Blüten: Blütenstände bis 40 cm lang, kleine orange- bis weinrote Blüten
Wuchs: Rosette, später kurzer, baumförmiger Stamm
Blätter: dick mit runden Kanten und einer mehligen, oft rosa oder bläulich überhauchten Wachsschicht bedeckt
Pflege: durchlässiges, humusreiches Substrat; nie in die Rosetten gießen; auch im Sommer geschützt hinter Glas ziehen; Überwinterung fast trocken bei 6–12 °C

✿ pflegeleicht vollsonnig hell halbschattig

Wolfsmilchgewächs
Euphorbia horrida

Größe: bis 1 m hoch, 15 cm ∅
Blütezeit: Frühj. bis Sommer
gut geeignet für Schalen

➤ **attraktiv gefärbt**

Heimat: Südafrika
Blüten: klein, grüngelblich bis dunkelrot, dreiblättrig
Wuchs: säulenförmig, rasch von der Basis her verzweigend
Blätter: keine, entwickelt leuchtend rote, später rotbraune und vergrauende Dornen, die bis 4 cm lang werden
Pflege: durchlässiges, humushaltiges Substrat; liebt im Sommer Wärme; Überwinterung bei 8–15 °C, je kühler, desto trockener halten; den ätzenden Milchsaft nicht berühren!

Graptopetalum
Graptopetalum bellum

Größe: Rosette bis 8 cm ∅
Blütezeit: Frühjahr
gut geeignet für Schalen

➤ **sehr dekorativ**

Heimat: Nord-Mexiko
Blüten: Blütenstände mit 2–10 Blüten, tiefrosa
Wuchs: erst einzelne, dachziegelartige Rosette, später sprossend
Blätter: grau- bis braungrün, leicht glänzend
Pflege: wasserdurchlässiges Substrat und Halbschatten erforderlich, in der prallen Sonne färben sich die Blätter rotbraun; überwintern bei kühlem Stand ganz trocken, besser aber etwas wärmer und etwas feucht am Fenster bei 15–18 °C

Ordensstern
Orbea variegata

Größe: bis 15 cm lang
Blütezeit: Sommer
sehr gut für Schalen

➤ **reizvolle Blüten**

Heimat: Südafrika
Blüten: gelblich mit braunroten Bändern, bis 7 cm
Wuchs: fingerdicke, vierkantige Triebe, am Grund verzweigend und rasenförmig wachsend
Blätter: keine, an den Kerben der Triebkanten kleine unscheinbare Spitzen
Pflege: wasserdurchlässiges, humusarmes Substrat; im Sommer nicht zu sehr austrocknen lassen; überwintern bei 6–12 °C kühl und trocken, nur bei wärmerem Stand etwas gießen

gut gießen · mäßig gießen · warm überwintern · kühl überwintern

Blatt- und Säulenkakteen

Blattkakteen

Name	Ansprüche	Blühsaison	Blüten	Wuchsform	Besonderheiten
Disocactus biformis **Disokaktus**		Winter–Frühjahr	bis 8 cm, rosa bis rot	überhängend, lange Triebe	schöne Ampelkakteen, im Winter gelegentlich gießen
✿ *Disocactus flagelliformis* **Schlangenkaktus**		Frühjahr	bis 8 cm lang, karmesinrot	hängend, dünne Triebe	gut für Ampeln geeignet, im Sommer geschützt im Freien
Epiphyllum chrysocardium **Blattkaktus**		Winter	bis 32 cm lang, weiß	spreizend verzweigt, meterlange Blätter	für große Ampeln, benötigt viel Platz
✿ *Hatiora salicornioides* **Hatiora**		Winter–Frühjahr	klein, gelb, hängend	verzweigt, kurze, keulige Triebe	guter Ampelkaktus, schöner Winterblüher
✿ *Lepismium macrantha* **Lepismium**		Winter–Frühjahr	schmal, hell zitronengelb	buschig hängend, Blätter bis 90 cm	idealer Ampelkaktus mit schmalen Blättern
✿ *Rhipsalis grandiflora* **Rhipsalis**		Winter	2,5 cm ∅, weiß bis gelb	wirr hängend, lange Triebe	größte *Rhipsalis*-Blüte, guter Ampelkaktus
✿ *Rhipsalis pilocarpa* **Rhipsalis**		Winter	klein, weiß, creme bis gelb	hängend, lange dünne Blattriebe	Ampelkaktus mit leuchtend roten Früchten
✿ *Schlumbergera truncata* **Weihnachtskaktus**		Winter–Frühjahr	bis 8 cm, rosa bis violettrot	buschig, Blatttriebe bis 30 cm lang	schöne Röhrenblüten, auch für Ampeln geeignet

Säulenkakteen

Name	Ansprüche	Blühsaison	Blüten	Wuchsform	Besonderheiten
Austrocactus patagonicus **Austrokaktus**		Sommer	klein, weiß mit rosa Ring	solitär, kleine Säule	grobe Dornen, im Freien begrenzt winterhart
✿ *Browningia hertlingiana* **Browningia**		Frühsommer	5 cm ∅, weiß	solitäre Säule, bis 8 m hoch	leuchtend blau bereift, blüht erst im Alter
Carnegiea gigantea **Saguarokaktus**		Frühsommer	bis 12 cm, weiß bis creme	Säulen bis 12 m und 65 cm ∅	essbare Früchte, wächst langsam, blüht erst im Alter
✿ *Cereus forbesii* **Cereus**		Sommer	bis 25 cm, weiß	lange solitär, im Alter bis 7 m hoch	wächst schnell heran, attraktive Kübelpflanze

Name	Ansprüche	Blüh-saison	Blüten	Wuchsform	Besonderheiten
Cleistocactus samaipatanus **Cleistokaktus**		Frühjahr–Sommer	bis 4 cm lang, blutrot	verzweigend, Säule bis 1,5 m hoch	dicht bedornt, wächst auch liegend, braucht viel Platz
Cleistocactus strausii **Cleistokaktus**		Frühjahr	bis 10 cm lang, weinr., behaart	schlanke Säule, im Alter meterhoch	fürs Fenster, sprosst jung, dichte weiße Dornen
Denmoza rhodacantha **Denmoza**		Frühjahr–Sommer	langröhrig, rot	kugelig, später säulig, bis 1,5 m hoch	in der Jugend derbe Dornen, im Alter dichte Borsten
Echinopsis pachanoi **Echinopsis**		Frühjahr	bis 18 cm ∅, weiß, duftend	runde Säule, bis 6 m hoch	blaugrün, bereift, oft als Pfropfunterlage verwendet
Espostoa lanata **Espostoa**		Frühjahr–Sommer	5 cm, weißlich	baumartige Säule, im Alter bis 4 m hoch	verzweigt sich und blüht erst im Alter, Kübelpflanze
Haageocereus versicolor **Haageocereus**		Sommer	bis 6 cm ∅, weiß, breit	schlanke Säule, bis 1,50 m hoch	schön gelb und fein bedornt, auch fürs Fenster
Harrisia jusbertii **Harrisia**		Frühjahr–Sommer	18 cm lang, weiß	dunkelgrüne, rankende lange Triebe	kurze, kräftige Dornen, sehr gute Pfropfunterlage
Hylocereus undatus **Hylocereus**		Sommer	weiß, bis 30 cm lang,	stark verzweigend, dreirippige Triebe	wächst schnell und klettert, viel für Pfropfungen verwendet
Myrtillocactus geometrizans **Heidelbeerkaktus**		Sommer	bis 3,5 cm ∅, grünlichweiß	verzweigt, im Alter bis 4 m	attraktive blaue Bereifung und essbare Beeren
Neobuxbaumia polylopha **Neobuxbaumia**		Frühjahr–Sommer	mittelgroß, kräftig rot	solitär, vielrippig, im Alter bis 13 m	wächst sehr langsam, fürs Fenster geeignet
Oreocereus celsianus **Oreocereus**		Frühjahr–Sommer	9 cm lang, mattrosa	solitär, selten sprossend, bis 1 m hoch	schöne Dornen und Haare, im Sommer auch im Freien
Oreocereus trollii **Oreocereus**		Frühjahr–Sommer	4 cm lang, rosa bis karminrot	meist solitär, bis 60 cm hoch	dünne Dornen, weiße Haare, Schmuckstück fürs Fenster
Pachycereus pringlei **Pachycereus**		Frühjahr–Sommer	8 cm, weiß	im Alter baumförmig, bis 11 m hoch	bunte Dornen und blaue Bereifung im Neutrieb
Pereskia aculeata **Pereskia**		Sommer	weiß, gelb, rot, bis 4,5 cm ∅	strauchartig mit dünnem Stamm	wirft bei Trockenheit die Blätter ab
Pilosocereus chrysacanthus **Pilosocereus**		Sommer	mittelgroß, weiß bis rosa	im Alter verzweigend, bis 5 m hoch	blau bereift mit gelben Dornen und weißer Wolle
Polaskia chichipe **Polaskia**		Sommer	klein, cremeweiß	im Alter baumförmig, bis 5 m hoch	wächst sehr langsam, schön bereift
Selenicereus macdonaldiae **Königin der Nacht**		Spätfrühjahr	bis 38 cm ∅, weiß mit braun	strauchig, schlangenartige Triebe	größte Kaktusblüte, gute Kübelpflanze
Stetsonia coryne **Stetsonia**		Frühjahr	15 cm lang, weiß	im Alter baumförmig, bis 8 m hoch	blau bereift, schwarze Dornen, wächst langsam, Kübelpflanze

Kugelförmige Kakteen

Kugelförmige Kakteen

Name	Ansprüche	Blühsaison	Blüten	Wuchsform	Besonderheiten
Acanthocalycium spiniflorum **Acanthocalycium**		Frühjahr–Sommer	weiß bis rosa	solitär, kugelig	feine, lange, struppige Bedornung
Ariocarpus fissuratus **Ariocarpus**		Herbst	klein, rosarot	solitär, flache Warzenscheibe	extrem dicke Rübenwurzel, braucht hohen Topf
Astrophytum asterias **Astrophytum**		Frühjahr–Sommer	klein, gelb mit roter Mitte	flachkugelig, bis 10 cm ∅	dornenlos, Seeigel- oder Seestern-Kaktus
Astrophytum myriostigma **Bischofsmütze**		Frühjahr–Herbst	gelb, teils roter Schlund	solitär, im Alter kurzsäulig	dornenloser Körper, dichte Beflockung
Copiapoa cinerea **Copiapoa**		Frühjahr–Sommer	klein, gelb, glänzend	kugelig bis säulig, bis 10 cm ∅	dicht mit blaugrauer Wachsschicht überzogen
Coryphantha elephantidens **Coryphantha**		Frühjahr–Sommer	10 cm ∅, rot, rosa, weiß	flachkugelig, bis 19 cm ∅	besticht mit dichter weißer Scheitelwolle
Coryphantha sulcolanata **Coryphantha**		Frühjahr–Sommer	intensiv gelb, 5 cm ∅	gedrückt kugelig, bis 5 cm hoch	zuverlässiger Blüher, dichte Scheitelwolle
Discocactus zehntneri **Diskokaktus**		Sommer	langröhrig, weiß	flachkugelig, bis 11 cm ∅	braucht wärmere Überwinterung, blüht in der Nacht
Echinocactus grusonii **Goldkugelkaktus**		Sommer	gelb, glockig, 6 cm ∅	kugelig, im Alter bis 150 cm hoch	dekorative Form, »Schwiegermuttersessel«
Eriosyce aurata **Eriosyce**		Frühjahr–Sommer	3,5 cm groß, rot	solitär, stets kugelig, bis 50 cm ∅	wild und oft bunt bedornt, schwierig zu kultivieren
Eriosyce occulta **Eriosyce**		Frühjahr–Sommer	blass, goldgelb, 2,5 cm ∅	flachkugelig, etwa 10 cm ∅	oft dornenlos, Körper dunkelbraun
Ferocactus histrix **Ferokaktus**		Frühjahr	hellgelb, 3,5 cm ∅	solitär, bis 70 cm hoch	berrnsteingelbe Dornen, Mitteldorn bis 6 cm
Ferocactus latispinus **Teufelszunge**		Herbst–Frühjahr	weiß, rosa, purpurn	jung flachkugelig, bis 40 cm ∅	imposante, breite, leuchtend rote Mitteldornen
Freilea castanea **Freilea**		Sommer	4 cm ∅, gold- bis zitronengelb	solitär, leicht flachkugelig, 4 cm hoch	rotbrauner Körper, Blüten öffnen sich nur bei Sonne

Name	Ansprüche	Blüh-saison	Blüten	Wuchsform	Besonderheiten
Geohintonia mexicana **Geohintonia**		Frühjahr	bis 4 cm ∅, magenta	solitär, kugelförmig, scharfrippig	attraktive Art, blau bereift, erst vor 10 Jahren entdeckt
Gymnocalycium saglionis **Gymnocalycium**		Frühjahr–Sommer	3,5 cm groß, weiß bis rot	breitkugelig, bis 30 cm ∅	bis 4 cm lange, rötlichbraune Dornen, schön in Schalen
Leuchtenbergia principis **Leuchtenbergia**		Sommer	mittelgroß, gelb	solitär, nur im Alter sprossend	Rübenwurzel, prismenförmige Warzen, papierartige Dornen
Mammillaria hahniana **Warzenkaktus**		Frühjahr	bis 2 cm ∅, purpurn	breitkugelig, bis 10 cm hoch	weißes Haarkleid kontrastiert mit den Blüten
Matucana haynei **Matucana**		Frühjahr	bis 7 cm lang, karminrot	kugelig, im Alter säulig, bis 30 cm	weiße Dornen, schwarzgespitzte Mitteldornen
Melocactus matanzanus **Melonenkaktus**		Sommer–Winter	klein, rosa	solitär, kugelig, bis 10 cm ∅	ideal für das Fenster, im Winter etwas gießen
Obregonia denegrii **Obregonia**		Sommer	2,5 cm ∅, weiß bis hellrosa	flachkugelig, solitär, bis 12 cm ∅	Wärme liebend, kann auch halbschattig stehen, Rarität
Oroya peruviana **Oroya**		Frühjahr	bis 2,5 cm ∅, gelb, rot	solitär, gedrückt kugelig, bis 14 cm ∅	rotbraune bis schwarze Dornen, will viel frische Luft
Parodia chrysacanthion **Parodia**		zeitiges Frühjahr	klein, gelb	solitär, flach kugelig	Körper eingehüllt in goldgelbe, feine Dornen
Parodia mammulosa **Parodia**		Sommer	4 cm ∅, kanariengelb	solitär, bis 10 cm hoch	purpurrote Narbe, Rippen mit Höckern
Pediocactus simpsonii **Pediokaktus**		Frühjahr	3 cm ∅, weiß, gelb, rosa, rot	kugelig, im Alter säulig, bis 20 cm	wächst sehr langsam, kann geschützt im Freien überwintern
Sclerocactus polyancistrus **Sclerokaktus**		Frühjahr–Sommer	bis 8 cm groß, purpurn	solitär, kugelig bis säulig, bis 40 cm	Überwinterung geschützt im Freien, Kultur schwierig
Stenocactus ochoterenanus **Lamellenkaktus**		Frühjahr	klein, lila mit Streifen	solitär, kugelig, bis 10 cm ∅	lamellenförmige Rippen, goldgelbe Bedornung
Strombocactus disciformis **Strombokaktus**		Frühjahr	4 cm ∅, weiß bis gelb	klein, flachkugelig, bis 10 cm ∅	dachziegelartige Höcker, langwierige Anzucht
Thelocactus hexaedrophorus **Thelokaktus**		Frühjahr–Sommer	8 cm ∅, weiß bis rosa, glänzend	blaugrüne Kugeln, bis 15 cm ∅	bunte rotgelbe Dornen, geometrische Warzenfelder
Turbinicarpus macrochele **Turbinicarpus**		Herbst–Frühjahr	3 cm ∅, weiß, oft mit Streifen	klein, kugelig	Zwergkaktus mit langen, teils verflochtenen Dornen
Uebelmannia pectinifera **Uebelmannia**		zeitiges Frühjahr	klein, gelb, am Scheitel	kugelig, im Alter zylindrisch	kantige Rippen mit schwarzen Dornen, braune Oberhaut

Gruppen und andere Sukkulenten

Gruppenbildende Kakteen

Name	Ansprüche	Blühsaison	Blüten	Wuchsform	Besonderheiten
Aztekium ritteri **Aztekium**		Sommer	nur 8 mm ∅, weiß	klein, gedrückt kugelig, sprossend	reliefartige Oberhaut, sehr langsam wachsend
Blossfeldia liliputana **Blossfeldia**		Frühjahr	klein, weiß bis creme	kugelig, winzig, 1 cm ∅	kleinster Kaktus der Welt, fürs Fenster
Copiapoa haseltoniana **Copiapoa**		Frühjahr–Sommer	klein, gelb, glänzend	kugelig bis säulig, bis 10 cm ∅	hellgrün mit grauer Wachsschicht überzogen
✿ *Echinocereus pectinatus* **Echinocereus**		Frühjahr–Sommer	8 cm, rosa bis violett	spät sprossend, kugelig bis säulig	Dornen rot und bräunlich, kammartig anliegend
✿ *Echinopsis pentlandii* **Echinopsis**		Frühjahr–Sommer	5 cm, weiß, rosa, rot, gelb	kugelig, große Gruppen bildend	lange gebogene Dornen, dekorativ für Schalen
✿ *Echinopsis tubiflora* **Echinopsis**		Frühjahr–Sommer	langröhrig, weiß mit rosa	kugelig, im Alter säulig	robuster Kaktus, den Sommer über im Freien
Epithelantha micromeris **Epithelantha**		Frühjahr–Sommer	klein, weiß bis rosarot	kugelig, bis 4 cm ∅, sprossend	schönes weißes, dichtes Dornenkleid
Escobaria minima **Escobaria**		Frühjahr–Sommer	bis 1,5 cm ∅, purpurn	zylindrisch, bis 4,5 cm lang	Zwergkaktus, begrenzt winterhart
✿ *Lophophora williamsii* **Peyotl**		Frühjahr–Sommer	klein, weiß, gelb bis rosa	flachkugelig, blaugrün, dornenlos	»Schnapskaktus«, enthält das halluzinogene Meskalin
✿ *Mammillaria zeilmanniana* **Warzenkaktus**		Frühjahr	klein, ca. 2 cm ∅, violettrot	kugelig bis leicht zylindrisch	Hakendornen, bleibt gerne am Vorhang hängen
Neolloydia grandiflora **Neolloydia**		Sommer	5 cm ∅, purpurn	zylindrisch, bis 15 cm hoch	reizvolle Pflanze im weißen, dichten Dornenkleid
✿ *Opuntia azurea* **Opuntie**		Sommer	mittelgroß, gelb mit roter Mitte	flach strauchig, fast runde Blätter	gute Kübelpflanzen, vor zu viel Regen schützen
Ortegocactus macdougallii **Ortegokaktus**		Frühjahr–Sommer	bis 3 cm ∅, gelb	kugelig, bis 6 cm, stark sprossend	Rarität, sehr hübsch in kleinen Schalen
Pelecyphora aselliformis **Pelecyphora**		Frühjahr–Sommer	klein, karminviolett	bis 10 cm hoch, kugelig bis säulig	kurze, weißgraue Dornen, wie Asseln aussehend
✿ *Rebutia marsoneri* **Rebutie**		Frühjahr	bis 4,5 cm ∅, gelb bis orange	flachkugelig, stark sprossend	kleine Gruppen für hübsche Schalen, blüht zuverlässig

Andere Sukkulenten

Name	Ansprüche	Blühsaison	Blüten	Wuchsform	Besonderheiten
Agave utahensis **Agave**		Sommer	gelb, glockig	Blattrosetten 25–40 cm ∅	klein bleibend, blüht im Alter, winterharte Varianten
✿ *Agave victoriae-reginae* **Agave**		Sommer	glockig, rot oder purpurn	kompakt, nicht sprossend, bis 70 cm ∅	wächst sehr langsam, blüht im Alter, schöne Kübelpflanze
✿ *Aloe dichotoma* **Aloe**		Winter–Frühjahr	leuchtend gelbe Trauben	Stammrosette, im Alter bis zu 3 m hoch	schön blau gefärbte und gezähnte Rosetten
Aloe variegata **Aloe**		Winter–Frühjahr	gelb bis orangerot	stark sprossend, Wurzelausläufer	Blätter mit weißen Querbändern, für Schalen
Calibanus hookeri **Calibanus**		Sommer	klein, gelblich, verzweigt	runde Knolle, 30 cm lange Blätter	wächst langsam, im hohen Alter sehr groß
✿ *Ceropegia woodii* **Leuchterblume**		Winter–Sommer	weiß, gelb, grün, 6 mm lang	hängende Triebe, herzförmige Blätter	beliebte Ampelpflanze, bildet Brutknöllchen
Echeveria setosa **Echeverie**		Frühjahr–Sommer	rotgelb, kurze Stiele	flachkugelige Rosetten, 15 cm ∅	beliebte Art, die reichlich Blüten bildet
Euphorbia obesa **Wolfsmilch**		Frühjahr–Sommer	unscheinbar, grünlichgelb	kugelig, bis 12 cm hoch, im Alter säulig	graugrüne Haut mit rötlichen Streifen, fürs Fensterbrett
Gasteria verrucosa **Gasterie**		Frühjahr	rote Glocken, langer Stängel	Blätter zweizeilig fächerförmig	auch für schattige Fenster geeignet, schön in Schalen
✿ *Graptopetalum filiferum* **Graptopetalum**		Frühjahr	klein, gelb mit roter Spitze	dachziegelartige Rosetten, 8 cm ∅	bleibt klein, nach Sprossung in Schalen setzen
Greenovia aurea **Greenovia**		Frühjahr	goldgelb, Stiel 50 cm lang	Rosette becherförmig oder flach	interessante Form, Rosette stirbt nach der Blüte ab
Haworthia truncata **Haworthie**		Frühjahr	klein, weißlichgrün	fächerförmige Blätter mit »Fenstern«	will sehr viel Licht und sehr durchlässiges Substrat
✿ *Huernia hystrix* **Huernia**		Sommer	gelb-braun, bis 5 cm ∅	fünfrippige Triebe, bis 7 cm lang	Polster bildend, für kleine Schalen geeignet
✿ *Jatropha podagrica* **Jatropha**		Winter–Frühjahr	feuerrot, 1,5 cm ∅	flaschenförmiger Stamm	im Winter blattlos, fürs Fenster, im Alter auch Kübelpflanze
✿ *Nolina recurvata* **Elefantenfuß**		Sommer	klein, weißlich, vielblütig	verdickter Stamm, Blätter bis 90 cm	blüht erst im Alter, beliebte Kübelpflanze
Pachypodium geayi **Madagaskarpalme**		Frühjahr–Sommer	weiß bis hellgrün, gestielt	verdickter Stamm, Blätter bis 40 cm	beliebte Zimmerpflanze, im Alter für Kübel
✿ *Sedum morganianum* **Fetthenne**		Winter–Frühjahr	rosa bis rot, überhängend	Triebe kriechend bis hängend, bis 50 cm	Blätter blaugrün, mehlig bereift, ideale Ampelpflanze

Arbeitskalender

Januar – April: Start ins Sukkulentenjahr

JANUAR

- **Kennen lernen:** Jetzt ist ausreichend Zeit zum Schmökern in Fachbüchern.
- **Auswählen:** Stellen Sie eine Liste der Sukkulenten zusammen, die Sie in diesem Jahr gerne kaufen möchten.
- **Gestalten:** Überlegen Sie, mit welchen Arten Sie eine Schale attraktiv gestalten könnten.
- **Pflegen:** Bei frostfreiem Wetter am Kakteenfenster lüften; Arten mit wärmerer Überwinterung gelegentlich vorsichtig gießen.

FEBRUAR

- **Kennen lernen:** Nutzen Sie die Zeit für einen informativen Besuch im Sukkulentenhaus des nächsten Botanischen Gartens.
- **Auswählen:** Studieren Sie Samenkataloge, und bestellen Sie gegebenenfalls Sukkulentensamen; in Fachgeschäften können Sie jetzt bereits Pflanzen kaufen.
- **Pflegen:** Am Kakteenfenster lüften; wärmer überwinternde Arten sparsam gießen, bei Wärme mit Wassernebel besprühen.

Mai – August: Farbenpracht von Blüten und Dornen

MAI

- **Kennen lernen:** Kakteenbörsen besuchen und neue Arten entdecken.
- **Auswählen:** Blühende Sukkulenten im Fachgeschäft kaufen, dort wird jetzt eine schöne Auswahl angeboten.
- **Gestalten:** Auf der Terrasse Erdbeertopf mit verschiedenen Sukkulenten bepflanzen.
- **Pflegen:** Reichlicher gießen und düngen, bei praller Sonne schattieren und mit Wassernebel besprühen.

JUNI

- **Kennen lernen:** »Königin der Nacht« im Botanischen Garten besuchen.
- **Auswählen:** Geeignete Arten für den Steingarten im Fachhandel kaufen.
- **Gestalten:** Kleinen Steingarten mit Sukkulenten bepflanzen und mit Mini-Felsen dekorativ gestalten.
- **Pflegen:** Kaktus & Co an das Licht gewöhnen und dann auf den Sommerplatz im Freien stellen; reichlich gießen und düngen.

September – Dezember: Zwischen Blühen und Ruhen

SEPTEMBER

- **Auswählen:** Herbstbörse für Sukkulenten besuchen, Weihnachtskakteen kaufen.
- **Pflegen:** Viel lüften, durch niedrige Nachttemperaturen abhärten; weniger gießen; Düngung allmählich verringern – außer bei *Epiphyllum-* und *Rhipsalis*-Arten. Ruhezeit von *Schlumbergera*-Arten einhalten.
- **Vermehren:** Herbstaussaat von Sukkulenten.

OKTOBER

- **Auswählen:** Winterblüher wie die bizarren *Rhipsalis*-Arten kaufen.
- **Pflegen:** Tagsüber lüften; Pflanzen im Freien vor jedem Regen schützen; nicht winterharte draußen bei drohendem Frost abdecken oder an ihren Winterstandort im Haus bringen; Arten, die im Winter blühen, jetzt an einen wärmeren Platz stellen; Gießen jetzt auch bei *Epiphyllum*-Hybriden einstellen.

MÄRZ

- **Gestalten:** Jetzt können die ersten Gefäße mit verschiedenen Arten bepflanzt werden.
- **Pflegen:** Am Kakteenfenster lüften, bei praller Sonne schattieren; sparsam gießen und nicht düngen; Pflanzen können jetzt in frisches Substrat getopft werden.
- **Vermehren:** In beheizbaren Mini-Treibhäusern ist jetzt bereits die Aussaat von Sukkulenten möglich. Auch um Stecklinge zu vermehren, ist die Zeit jetzt gut.

APRIL

- **Gestalten:** Hellen Platz in der Wohnung mit Osterkaktus und anderen Sukkulenten dekorieren.
- **Pflegen:** An warmen Tagen lüften, nötigenfalls schattieren, Blattkakteen an einen Platz ohne pralle Sonne stellen; Pflanzen mit zu kleinen Töpfen umtopfen; treibende Pflanzen erstmals düngen.
- **Vermehren:** In beheizbare Schalen säen, mit Stecklingen vermehren, Kakteen pfropfen.

JULI

- **Pflegen:** Bei im Haus gebliebenen Arten und im Wintergarten viel lüften; alle Sukkulenten reichlich gießen, besprühen und Volldünger geben; nötigenfalls umtopfen.
- **Vermehren:** Jetzt sind Sukkulenten-Aussaaten auch bei nicht beheizten Schalen erfolgreich; die Vermehrung mit Hilfe von Stecklingen und Kakteen-Pfropfungen gelingen um diese Zeit ebenfalls gut; Sämlinge von früheren Aussaaten pikieren.

AUGUST

- **Pflegen:** Kaktus & Co drinnen viel frische Luft geben; soweit möglich, auch nachts lüften, damit die Pflanzen durch die sinkenden Temperaturen abgehärtet werden; bei *Schlumbergera*-Arten beginnt jetzt die Ruhezeit, bei ihnen Gießen einstellen; allgemein weniger düngen, Pflanzen im Freien während Regenperioden abdecken.
- **Vermehren:** Letzte Möglichkeit, um noch mit Stecklingen zu vermehren und zu pfropfen.

NOVEMBER

- **Pflegen:** Nur noch an warmen Tagen lüften; die letzten frostempfindlichen Arten ins Haus räumen, möglichst hell stellen; Gießen stark einschränken, nicht mehr düngen; Arten, die kühl überwintern, überhaupt nicht mehr gießen; *Epiphyllum*-Hybriden können noch umgetopft werden.
- **Vermehren:** Aussaat von aus Afrika stammenden Sukkulenten noch möglich.

DEZEMBER

- **Auswählen:** Liste für die nächsten Neuanschaffungen zusammenstellen.
- **Gestalten:** Wohnung mit blühendem Weihnachtskaktus attraktiv gestalten.
- **Pflegen:** Sukkulenten jetzt kühler und trockener halten; an milden Tagen lüften; nicht mehr düngen; kaum noch gießen, außer *Schlumbergera*- und *Rhipsalis*-Arten.

Register

Die **halbfett** gesetzten Seitenzahlen verweisen auf Abbildungen.

A

Aasblume 13, **15**
Acanthocalycium spiniflorum 52
Accessoires 16
Adenium obesum 17, 48, **48**
Aeonium-Arten 13, 17
Agave 8, 13, 18 f., 55
Agave utahensis 20 f., 55
Agave victoriae-reginae 55
Aloe 8, 13, 18 f., 55
Aloe dichotoma 55
Aloe variegata 55
Ampeln 12 f., 18
Ampelpflanzen 12 f.
andere Sukkulenten 48 f., 55
Ariocarpus fissuratus 52
Astrophytum asterias 52
Astrophytum capricorne 46, **46**
Astrophytum myriostigma 52
Ausläufer 36
Aussaat 34 f.
Austopfen 25
Austrocactus patagonicus 21, 50
Aztekium ritteri 54

B

Balkon 18
Bananenkaktus 38
Beet an Hauswand 21
Bimskies 19 f.
Bischofsmütze 46, **46**, 52
Blattkaktus 7, 10 ff., 18, 28, **42**, 42 f., 50
Blattläuse 30
Blattstecklinge **36**, 36 f.
Blattsukkulenten 8, 36 f.
Blossfeldia liliputana 54
Blühphasen 10
Blüten 7
Browningia hertlingiana 50
Buffet, mexikanisches 22

C

Calibanus hookeri 55
Carnegiea gigantea 50
Cephalocereus senilis 17, 28
Cereus-Arten 18 f., 51
Cereus forbesii 50
Ceropegia woodii 55
Cleistocactus samaipatanus 51
Cleistocactus strausii 51
Cleistocactus winteri 13
Conophytum-Arten 13
Copiapoa cinerea 52
Copiapoa haseltoniana 54
Coryphantha elephantidens 52

Änderung der Nomenklatur

Folgende Gattungen wurden aufgelöst und denjenigen hinter den Pfeilen zugeordnet:

- *Aporocactus* → *Disocactus*
- *Aylostera* → *Rebutia*
- *Brasilicactus* → *Parodia*
- *Chamaecereus* → *Echinopsis*
- *Dolichothele* → *Mammillaria*
- *Echinofossulocactus* → *Stenocactus*
- *Epiphyllopsis* → *Hatiora*
- *Eriocactus* → *Parodia*
- *Gymnocactus* → *Turbinicarpus*
- *Helianthocereus* → *Echinopsis*
- *Hildewintera* → *Cleistocactus*
- *Lobivia* → *Echinopsis*
- *Marniera* → *Epiphyllum*
- *Mediolobivia* → *Rebutia*
- *Neochilenia* → *Eriosyce*
- *Neoporteria* → *Eriosyce*
- *Notocactus* → *Parodia*
- *Pseudolobivia* → *Echinopsis*
- *Reicheocactus* → *Echinopsis*
- *Rhipsalidopsis* → *Hatiora*
- *Setiechinopsis* → *Echinopsis*
- *Soehrensia* → *Echinopsis*
- *Sulcorebutia* → *Rebutia*
- *Trichocereus* → *Echinopsis*
- *Weingartia* → *Rebutia*
- *Zygocactus* → *Schlumbergera*

Coryphantha sulcolanata 52
Crassula-Arten 9, 13, 18, 19

D

Denmoza rhodacantha 51
Deutsche Kakteengesellschaft 34, 61
Disocactus-Arten 13, 18, 28, 42, 50
Discocactus zehntneri 52
Disocactus flagelliformis 13, 50
Disocactus phyllanthoides 42, **42**
Dornen 6 f., 15
Düngen 26 f.

E

Echeveria-Arten 8 f., 11, 13, 17, 19, 32, 48, 55
Echeveria laui 32, 48, **48**
Echeveria setosa 55
Echinocactus-Arten 12, 17, 19, 28, 46, 52
Echinocactus grusonii 17, 19, 28, 46, 52
Echinocactus horizonthalonius 46, **46**
Echinocereus-Arten 12
Echinocereus coccineus 21
Echinocereus fitchii 44, **44**
Echinocereus lingesetus **40**
Echinocereus ochoterrane 45, **45**
Echinocereus pectinatus 54
Echinocereus salm-dyckianus 13, 45, **45**
Echinocereus triglochidiatus var. *mojavensis* 21
Echinopsis-Arten 12, 19, 29, 38
Echinopsis chamaecereus 38
Echinopsis pachanoi 51
Echinopsis pentlandii 54
Echinopsis tubiflora 54
Eintopfen 25
Einzelpflanzen 13
Elefantenfuß 55
Epiphyllum-Arten 11 ff., 18 f., 28, 42, **42**
Epiphyllum chrysocardium 50
Epiphyten 42 f.
Epithelantha micromeris 54
Erdbeertopf 18 f., **19**
Eriocereus jusbertii 38
Eriosyce-Arten 29, 32
Eriosyce aurata 52
Eriosyce occulta 52
Eriosyce senilis 47, **47**, **64**
Escobaria minima 54
Escobaria missouriensis 21
Escobaria sneedii 21
Espostoa-Arten 19
Espostoa lanata 51
Euphorbia-Arten 8, 11, 13, 18 f.
Euphorbia horrida 49, **49**
Euphorbia obesa 55

F

Fäulnis 12, 34, 37
Feigenkaktus 7, 18, **22**, 22 f., 43
Fensterbrett 10 f., 16 f.
Ferocactus-Arten 19
Ferocactus glaucescens 32
Ferocactus histrix 52
Ferocactus latispinus 52
Fetthenne 55
Freilea castanea 52
Früchte 6 f.

G

Garten 20 f.
Gasteria verrucosa 55
Gefäße 16, 24
Geohintonia mexicana 53
Gießen **4**, 26 f., **U4**
Gießregeln 26 f.
Goldkugelkaktus **7**, 46, 52
Graptopetalum-Arten **9**, 11, 19, **49**
Graptopetalum bellum 49, **49**
Graptopetalum filiferum 55
Greenovia-Arten 17, 55
Greenovia aurea 55
Greisenhaupt **12**, 13, 17, 28, 44, **44**
Gruppen bildende Kakteen **10**, 13, 44 f., 54
Gymnocalycium baldianum 47, **47**
Gymnocalycium mihanovichii 'Hibotan' 38
Gymnocalycium saglionis 53

H

Haageocereus versicolor 51
Härtegrad des Wassers 26
Harrisia jusbertii 38, 51
Hatiora-Arten 12, 28
Hatiora gaertneri 43, **43**
Hatiora salicornioides 50
Haworthia-Arten 11, 13
Haworthia truncata 55
Heidelbeerkaktus 51
Hochbeet 19
Huernia hystrix 55
Hylocereus-Arten 38
Hylocereus undatus 51

I

Igelkaktus 7, 46, **46**

J

Jatropha podagrica 55

K

Kakteen
– am Fensterbrett **1**, 10 f., 16 f., **17**
– auf dem Fußboden 17
– in Kübeln 17
– in Schalen 17
-körper 6
Kaktusfeigen 7, **22**
Kalanchoe-Arten 9, 13, 18, 37
Kalium 27
Kauf 14
Keimung 34
Kindel 36
Knospen 15
Königin der Nacht 51
Krankheiten 14 f., 31
Kübelpflanzen 18 f., 28
Kugelkaktus 7, 12 f., 17, 18, 46 f., 52 f.

L

Lavalit 19 f.
Lebende Steine 8 f., **11**, 13

Lepismium macrantha 50
Leuchtenbergia principis 53
Leuchterblume 55
Leuchtstofflampen 29
Lichtverhältnisse 11, 13
Lithops-Arten 13
Lophophora williamsii 54

M

Madagaskarpalme 55
Mammillaria-Arten 12, **13**, 19, 29, 32
Mammillaria guelzowiana 47, **47**
Mammillaria hahniana 53
Mammillaria zeilmanniana 54
Matucana haynei 52
Melocactus-Arten 28, **29**
Melocactus matanzanus 53
Melonenkaktus 7, 11, 13, 17, 28, 53
Milchsaft 37
Mutterpflanze 36 f.
Myrtillocactus-Arten 38
Myrtillocactus geometrizans 51

N

Nährstoffe 26 f.
Neobuxbaumia polylopha 51
Neolloydia-Arten 12
Neolloydia grandiflora 54
Nolina recurvata 19, 55
Nordfenster 11, 13

O

Obregonia denegrii 53
Opuntia-Arten 18 ff., **21**, **22**, **25**, **28**, 38, 42
Opuntia azurea 54
Opuntia ficus-indica 22, **22**, 43, **43**
Opuntia fragilis 21
Opuntia humifusa 21
Opuntia phaeacantha 21
Orbea variegata 49, **49**
Ordensstern 49, **49**
Oreocereus celsianus 51
Oreocereus pseudofossulatus 44, **44**
Oreocereus trollii 51
Oroya peruviana 53
Ortegocactus macdougallii 54
Osterkaktus 12, 28, 43, **43**
Ostfenster 11, 13

P

Pachycereus pringlei 51
Pachyphytum-Arten 19
Pachypodium-Arten 11, 19
Pachypodium geayi 55
Parodia-Arten 11
Parodia chrysacanthion 29, 53
Parodia haselbergii 29
Parodia mammulosa 53
Pediocactus paradinei 21
Pediocactus simpsonii 21, 53
Pelecyphora aselliformis 54
Pereskia aculeata 51
Pereskia-Arten 38
Peyotl 54
Pfropfen 38 f.
Phosphor 27
pH-Wert 26
Phyllocactus-Arten 19
Pikieren 34 f.
Pilosocereus chrysacanthus 51
Plastiktöpfe 24
Platzbedarf 12 f.
Polaskia chichipe 51

Q

Qualität 15
Quecksilberdampf-Hochdrucklampen 10

R

Rebutia-Arten **6**, 11, 29, 32, 54
Rebutia marsoneri 54
Regenschutz 18, 21, 29
Regenwasser 26
Rhipsalis-Arten 11 ff., 28, 50
Rhipsalis-Früchte **6**
Rhipsalis grandiflora 50
Rhipsalis pilocarpa **6**, 50
Rosettenpflanzen 9, 17, 26, 48
Rote Spinnmilbe 14, 30, **31**
Ruhezeit 15

S

Säen 34 f.
Säulenkaktus 7, 13, 18, 44 f., 50 f.
Saguarkaktus 50
Sand 20
Schädlinge 15, 31
Schildläuse 15, 31
Schlangenkaktus 50
Schlumbergera-Hybride 13, 19, 28, 43, **43**
Schlumbergera truncata 50
Schrumpfen **30**, 30
Schwiegermuttersessel 17, 28, 46
Sclerocactus-Arten 21, **26**
Sclerocactus polyancistrus 53
Sedum-Arten 13, 19, 21
Sedum morganianum 9, 55
Selenicereus macdonaldiae 51
Sempervivum-Arten 21
Senecio-Arten 13
Senecio rowleyanus 9
Sonne 10 f.
Sprosse 36 f.
Spurenelemente 27
Stacheln 8
Stammsukkulenten 8
Standort 10
Staunässe 20
Stecklinge 36 f.
Steingarten 20, **20**
Stenocactus-Arten 11
Stenocactus ochoterenanus 53
Stetsonia coryne 51
Stickstoff 27
Strombocactus disciformis 53
Styropor 24 f., 28
Substrat 24
Südfenster 10 f.
Sukkulenten 6, 8 f., 11, 17 f., 48 f., 55

T

Terrasse 18
Teufelszunge 52
Thelocactus bicolor 45, **45**
Thelocactus hexaedrophorus 53
Tontöpfe 24
Topfgröße 24

Transport 14 f.
Trockenfäule 31
Tröge 19
Turbinicarpus macrochele 53

U

Uebelmannia pectinifera 53
Übertöpfe 24
Überwintern 8, 11
– im Garten 29
– im Kübel 28
– im Schnee 2
– kalt im Haus 28
– warm im Haus 28
Umtopfen 24 f.

W

Wachstumsphasen 10
Warzenkaktus 47, **47**, 53
Wasser 26 f.
Weihnachtskaktus 11 ff., 19, 28, 43, **43**, 50
-bäumchen 38
Westfenster 11, 13
Wintergarten 18 f.
Winterhärte 15
Winterquartier 11, 17
Winterruhe 16 f., 26, 28
Wolfsmilchgewächse 8 f., 37, 49, **49**, 55
Wollläuse 14, 30, **30**
Wuchs 12 f.
Wüstenrose 48, **48**
Wurzel 6, 14, 25
Wurzelfäule 31
Wurzelläuse 31

Y

Yucca 19 ff.
Yucca filamentosa 20 f.
Yucca flaccida 20 f.

Literatur

Encke, Fritz: Kalt- und Warmhauspflanzen. Ulmer Verlag, Stuttgart

Flehmig, Anja und Strauss, Friedrich: Zimmerpflanzen für Einsteiger. Gräfe und Unzer Verlag, München

Günther, Heide: Zimmerpflanzen schnell & einfach. Gräfe und Unzer Verlag, München

Kawollek, Wolfgang: Sukkulenten für Zimmer und Fensterbank. Ulmer Verlag, Stuttgart

Zeitschriften

FLORA
Gruner + Jahr AG & Co. KG
20444 Hamburg

mein schöner Garten
Burda Senator Verlag GmbH
77652 Offenburg

Kraut & Rüben
DLV GmbH
80797 München

Adressen

Deutsche Kakteen-Gesellschaft e. V., Oos-Straße 18, D-75179 Pforzheim, www.deutschekakteengesellschaft.de

Gesellschaft Österreichischer Kakteenfreunde, Buchenweg 9, A-4810 Gmunden www.wolfgang.papsch@cactus.at

Schweizerische Kakteengesellschaft, René Deubelbeiss, Eichstr. 29, CH-5432 Neuenhof, www.kakteen.org

Bildnachweis

Alle Fotos von Becherer mit Ausnahme von: Blickpunkte/Ahrens: 22; Blumenbüro Holland: 16, 25; Fehn 23 re. u.; Graf: 20, 28; Redeleit: 14; Reinhard: 7, 18, 21; Schneider/Will: U4 li.; StockFood/Arras: 23 li. o.; Strauß: 8, 17, 26, 43 re.
Fotos auf dem Umschlag und im Innenteil: Umschlagvorderseite: *Thelocactus bicolor*; Umschlag innen/S. 1: Kakteen am Fenster; S. 4/5: Kaktus & Co gießen; S. 40/41: *Echinocereus lingesetus*; S. 64: *Eriosyce senilis*; Umschlagrückseite: *Euphorbia cooperi* (li.), Sämlinge gießen (mi.), *Epiphyllum*-Hybride (re.).

Wichtige Hinweise

➤ Einige der hier beschriebenen Pflanzen sind giftig oder hautreizend. Sie dürfen keinesfalls verzehrt werden.

➤ Stellen Sie Ihre Sukkulenten so auf, dass Kinder und Haustiere durch die Dornen oder Stacheln nicht verletzt werden können.

➤ Bewahren Sie Dünge- und Pflanzenschutzmittel für Kinder und Haustiere unerreichbar auf.

➤ Wenn Sie sich bei der Arbeit verletzen, sollten Sie zum Arzt gehen. Eventuell ist eine Impfung gegen Tetanus erforderlich.

Der Autor und Fotograf

Franz Becherer sammelt und züchtet seit 35 Jahren Kakteen. Er besitzt ein großes Gewächshaus mit Auspflanzbeet und kultiviert darin rund 10 000 Kakteen. Seit über 30 Jahren ist er Mitglied in der Deutschen Kakteengesellschaft (DKG). Darüber hinaus hat er sich als Pflanzenfotograf einen Namen gemacht.

Impressum

Redaktion: Angelika Holdau
Lektorat: Jolanda Englbrecht
Umschlaggestaltung und Layout: independent Medien-Design, München
Produktion: Ute Hausleiter
Satz: Uhl + Massopust, Aalen
Reproduktion: Longo, Bozen
Druck und Bindung: Kaufmann, Lahr
Printed in Germany

ISBN 3-7742-5440-0

Auflage	4	3	2
Jahr	2006	2005	2004

GRÄFE UND UNZER

Ein Unternehmen der
GANSKE VERLAGSGRUPPE

Das Original mit Garantie

Ihre Meinung ist uns wichtig. Deshalb möchten wir Ihre Kritik, gerne aber auch Ihr Lob erfahren. Um als führender Ratgeberverlag für Sie noch besser zu werden. Darum: Schreiben Sie uns! Wir freuen uns auf Ihre Post und wünschen Ihnen viel Spaß mit Ihrem GU-Ratgeber.

Unsere Garantie: Sollte ein GU-Ratgeber einmal einen Fehler enthalten, schicken Sie uns das Buch mit einem kleinen Hinweis und der Quittung innerhalb von sechs Monaten nach dem Kauf zurück. Wir tauschen Ihnen den GU-Ratgeber gegen einen anderen zum gleichen oder ähnlichen Thema um.

Ihr Gräfe und Unzer Verlag
Redaktion Haus & Garten
Postfach 86 03 25
81630 München
Fax 0 89/4 19 81-1 13
e-mail:
leserservice@
graefe-und-unzer.de

GU PFLANZENRATGEBER

Wenig tun, viel genießen.

ISBN 3-7742-3643-7
64 Seiten
7,90 € [D]

ISBN 3-7742-3622-4
64 Seiten
7,90 € [D]

ISBN 3-7742-5439-7
64 Seiten
7,90 € [D]

ISBN 3-7742-5444-3
64 Seiten
7,90 € [D]

ISBN 3-7742-3740-9
64 Seiten
7,90 € [D]

Gärtnern schnell und einfach? Gar kein Problem! Das 5-Stufen-Erfolgs-programm zeigt Ihnen, wie's geht.

WEITERE TITEL ZUM THEMA PFLANZEN:

- Zimmerpflanzen für Einsteiger
- Balkon- und Kübelpflanzen für Einsteiger
- Gartenspaß für Einsteiger
- Feng Shui – Harmonisches Wohnen mit Pflanzen

GU

Gutgemacht. Gutgelaunt.

1

GUT INFORMIEREN

Auch wenn es Spaß macht, ganz spontan Sukkulenten zu kaufen – besser ist es, sich erst einmal **in Ruhe** zu informieren. **Schmökern** Sie in Fachbüchern oder besuchen Sie einen Botanischen Garten. Das wird Ihnen helfen, **passende Arten** für Ihr Heim zu finden, an denen Sie lange Zeit Freude haben werden.

So haben Sie Freude an Kaktus & Co

4

PASSENDE PFLANZGEFÄSSE

Sie können Gefäße sowohl aus **Ton** als auch aus **Kunststoff** nehmen, wichtig ist dann nur, dass Sie entsprechend mehr oder weniger gießen. Niedrige Gefäße reichen für Arten mit flachen Wurzeln aus, Pflanzen mit rübenartigen **Wurzeln** brauchen höhere Töpfe. Für draußen empfehlen sich wetterfeste Behältnisse.

7

AUSREICHEND GIESSEN

Glauben Sie nicht, dass Sukkulenten kaum Wasser bräuchten! Von **Mai bis August** und bei warmem Wetter müssen sie sogar kräftig gegossen werden. Arten hingegen, die eine kühle **Winterruhe** wollen, brauchen in dieser Zeit auch kein Wasser.

8

RICHTIG DÜNGEN

Auch wenn Sukkulenten sehr genügsam sind: Für ein prächtiges Aussehen brauchen sie **Nährstoffe** im richtigen Maß. Gedüngt wird während der Wachstumszeit von Mai bis August. Gut geeignet sind **spezielle Dünger** für Kakteen und Sukkulenten.